KB074294

내 아 이 와 가 정 을 지 키 는

학 교 폭 력 인 지 감 수 성 을

키 워 라

요즘 같은 세상에 학교 폭력 인지 감수성이
그렇게 없으면 어떡해요?

저자 **오해두**

창조와 지식

목   차

V. 학교 폭력 사안 처리 절차 관련 질의응답

서 문

 어느 날 금쪽같은 내 아이가 학교 폭력으로 극단적 선택을 했다면?, 내 아이가 그 가해자라면? 생각만 해도 끔찍한 일이다.

 학교 폭력을 죽고 싶을 만큼 힘들게 당하면서도 말을 하지 않고 극단적 선택을 하는 아이들이 여전히 끊이지 않고 있다. 목격하는 아이들도 침묵하고 있다. 언제까지 말을 하지 않는 아이들 탓만 할 것인가? 아이들이 말을 하지 않으면 부모가 알 수 있는 방법은 없는 걸까?

 학교 폭력으로 하나밖에 없는 소중한 자식을 잃은 학부모의 말이 귓가에 맴돈다. "아이가 죽기 얼마 전부터 좀 이상했는데 '사춘기?', '중2병?'이라는 단어만 떠올리고 잔소리만 해댔지 학교 폭력은 생각도 못했다. 그것이 부모로서 미안하고 죄스럽다."

 그렇다. 아이들은 직접적으로 말을 하지 않을 뿐, 평소와 다른 행동으로, SOS를 보낸다. 그런데 우리 부모들이 왜 모를까? 학교 폭력 인지 감수성을 지니고 있지 않기 때문이다. 학교 폭력 인지 감수성을 지니고 키우면 아이가 말을 하지 않더라도 아이의 평소와 다른 이상 행동을 보고 학교 폭력 때문에 저럴지도 모른다는 생각을 떠올리고 현명한 대처를 할 수 있다. 그래서 소중한 내 아이와 가정을 지킬 수 있다.

최근 경미한 학교 폭력으로도 아이 싸움이 어른 싸움 되는 게 다반사이다. 피해 학생 부모의 과도한 요구와 집착이 원인인 경우도 있고, 가해 학생 부모의 물타기식 맞신고와 내로남불 · 적반하장 등의 그릇된 대처가 원인인 경우가 많다. 왜 이런 일이 벌어지는 것일까? 학교 폭력에 대해 너무 몰라서 그렇다. 모르면 불안해지고, 불안하면 예민해지는 법이다. 그래서 학교 폭력이 무엇이고, 내 아이가 학교 폭력 피 · 가해자가 되었을 때 가져야 하는 마음가짐과 올바른 대처 요령에 대해 제대로 알려줘야 한다.

안전사고 등 모든 사건 사고 예방의 시작점은 예방 교육이다. 학교 폭력도 그러하다. 학교 폭력의 근본 원인이 가정환경이나 부모에서 비롯되는 경우가 대부분이고 부모의 의해 저질러지는 경우도 많다. 그래서 학교 폭력 예방은 제대로 된 학부모 교육에서부터 출발해야 한다. 그런데 현실은 어떠한가?

학교폭력예방및대책에관한법률에 학교장은 학기마다 1회 이상, 그러니까 1년에 2회 이상 학부모를 대상으로 학교 폭력 예방 및 대책에 관한 교육을 실시하도록 규정되어 있다. 그런데 지난 수년 동안 학부모에 대한 학교 폭력 예방 교육은 '법에 하도록 되어 있으니까 하는 식의' 형식적 교육으로 실시되어 오고 있다.

가장 먼저이고 중요한 학부모 교육을 이렇게 형식적으로 해서는 학교 폭력 문제를 절대로 해결할 수 없거니와 학교 폭력으로 인해 발생하는 교육공동체 간의 갈등과 오해를 막을 수도 없다. 학교 폭력은 학생, 교직원, 학부모 모두가 학교 폭력이 무엇인지 제대로 알고, 학교 폭력에 대한 올바른 감수성을 지니고 있을 때 비로소 해결될 수 있기 때문이다.

많은 분들의 호응과 응원에 이 책을 냈고, 개정판까지 내게 되었지만, 내용을 구성함에 있어서 여전히 많은 고민이 있었다. 학부모들이 학교 폭력에 대해 제대로 알고 올바른 감수성을 지니도록 하는 것이 목적인 만큼 딱딱하거나 지루해서는 안 된다고 생각했기 때문이다. 그래서 대화 방식으로 쓰게 되었고, 중요한 문구나 사례를 반복함으로써 몸에 배게 하려 노력했다. 감수성을 키운다는 것은 머리로 이해하는 것이 아니라 반복을 통해 몸에 배게 하는 것이기 때문이다. 이 책을 읽고 나면 자신도 모르게 성숙한 학교 폭력 인지 감수성을 지니게 되리라 확신한다.

학교 폭력 문제는 법이나 제도를 만들고 고친다고 해서 해결되는 그런 폭력이 아니다. 범국민적 관심과 참여가 있어야만 해결 가능한 폭력이다. 그래서 예방 교육을 학교에서만 실시해서는 안 된다. 민방위 교육장에서부터 지방자치단체와 기업체에서도 실시해야 한다. 그렇게 하지 않는 현실이 안타깝다. 부디 이 책을 계기로 학교 폭력 인지 감수성 함양 열풍이 범국민적으로 일어나 우리 아이들이 폭력이 없는 안전한 교실에서, 폭력이 없는 안전한 세상에서 즐겁고 행복하게 생활할 수 있기를 간절히 희망한다.

I. 여전히 침묵하는 아이들

말을 하는 아이는 죽지 않는다.

그런데 왜 말을 안 할까?

(내 아이는 학교 폭력을 당하면 곧바로 말할 것이다? 착각이다)

■ 영희 어머니, 오랜만이에요. 작년 이맘때쯤 봤던 거 같네요. 요즘 영희 때문에 속상하시다고요?

▶ 네, 애가 요즘 짜증을 자주 내고, 아침마다 머리가 아프다, 배가 아프다고 하는데 병원에 데려가면 별 이상이 없다 하고, 자꾸 전학을 가고 싶다는 말을 하고…. 대체 왜 그러냐고 물으면 말을 안 하고, 속상해 죽겠어요.

■ 그래요? 혹시, 영희가 학교 폭력을 당하고 있어서 그럴지도 모른다는 생각은 안 해 보셨어요?

▶ 예? 영희가 학교 폭력을 당해서요? 학교 폭력을 당했으면 애가 엄마인 저한테 진작 말을 했겠죠? 그건 아닐 거예요.

■ 영희 어머니, 그렇게 말씀하시는 거 보니까 감수성이 없으시네요. 감수성을 좀 지니고 키워야겠는데요?

▸ 감수성이요? 무슨 감수성을 지니고 키워야 한다는 거예요?

■ '학교 폭력 인지 감수성'이요. 요즘 아이들이 학교 폭력을 당하면 그때마다 엄마 아빠한테나 선생님한테 바로바로 이야기할 줄 아시나 본데, 아이들의 세계를 너무 모르고 하시는 말씀입니다. '엄마, 쟤가 날 때렸어!', '엄마, 철수가 나하고 안 논대!', '선생님, 쟤가 자꾸 뚱뚱하다고 놀려대요!', '선생님, 철수가 수정이한테 욕했어요!'라고 말하는 건 초등학교 저학년 때 잠깐이지, 또래 집단을 형성하기 시작하는 고학년이 되어 갈수록 친구들 사이에서 벌어지는 일에 대해서 말을 안 합니다.

특히 약점이 잡혀서 지속적으로 괴롭힘을 당하거나 '누구한테 말하면 가만두지 않을 거다.'라는 식의 협박 등을 당하면서 괴롭힘을 당하는 경우에 쉽게 말을 못합니다. 요구하는 대로 하지 않으면 뭔가 불이익을 당하거나 왕따를 당할 것 같은, 심리적으로 지배를 당하거나 종속된 상태에서 괴롭힘을 지속적으로 당하는 경우에도 쉽게 말을 못합니다. 그런 경우, 어쩔 수 없이 계속해서 끌려다니며 당하면서도 누구한테 도와 달라는 말도 못하고 참고 참으며 혼자서 속앓이만 하다가, 어느 순간 '내가 죽어야 이 고통이 끝나겠구나.'라는 생각을 하고 극단적 선택을 시도합니다.

중학생인 딸아이가 어느 날 엄마한테 '엄마, 친한 친구가 반 아이들한테 엄청 괴롭힘을 당하고 있는데 그 친구를 내가 도와주면 안 될까? 걔가 너무 힘들어하는데 너무 안타깝고, 옆에서 보고만 있기가 너무 미안하기도 하고 죄스러워서….'라고 말했답니다. 그 말을 들은 엄마가 딸아이에게 뭐라고 말했을까요? 영희 어머니 같으면 어떻게 말하겠어요? 그 엄마는 '네가 그 친구를 도와주면 너도 괴롭힘을 당하지 않을까? 난 그게 걱정되네. 그냥 가만있으면 안 될까?'라고 말했대요. 그러자 딸아이가 한숨을 쉬며 '알았어.' 하고는 자기 방으로 들어갔는데, 다음날 극단적 선택을 했답니다.

▶ 어머, 어떡해? 진짜 있었던 일이에요? 아니 자기를 생각해서 한 말인데 죽기는 왜 죽어요?

■ 그 딸아이는 사실 자기가 같은 반 친구들한테 '집단 괴롭힘'을 당하고 있었는데, 엄마에게 사실대로 직접 말하지 못하고 친구가 당하고 있는 것처럼 말했던 것입니다. 딸아이는 '누가 나 좀 도와줘.', '날 도와줄 사람 없을까?' 하고 자기를 도와줄 누군가를 애타게 찾고 있었던 것이지요. 그런데 엄마의 모른 척하고 외면하라는 말에 '아, 나를 도와줄 사람은 아무도 없겠구나.' 하는 생각을 하고 희망을 버렸던 것입니다.

▶ 네… . 우리 어른들의 이중성, 내 아이가 괴롭힘을 당하면 누군가가 나서서 도와주기를 바라는 반면에 남이 괴롭힘을 당하면 나서지 말고 가만히 있기를 바라는 이중성이 한 생명을, 그것도

I.여전히 침묵하는 아이들

소중한 딸아이를 잃게 했네요.

■ 맞습니다. 하지만 우리가 그러한 이중성을 지니고 있다는 점만 인정하고 그냥 넘어가서는 안 된다고 생각합니다. 많은 학부모들이 '내 아이만 괜찮으면 된다.'는 생각으로 자녀에게 '쓸데없이, 오지랖 넓게, 남의 일에 나서지 마라.'며 방관을 종용하시는 분들이 많기 때문에 그렇고, 학부모들의 그러한 생각과 종용이 아이들로 하여금 학교 폭력 현장에서 여전히 방어자가 아닌 방관자가 되게 하고 있기 때문에 그렇습니다.

서로가 방관자일 때는 보고도 못 본 척하고 외면해서 서로를 지켜주지 못하지만, 서로가 방어자가 될 때는 서로에게 용기와 힘을 줘서 서로를 지켜줄 수 있습니다. 외면은 가해자들을 우쭐하게 하고 피해자를 더 움츠러들게 합니다. 왕따 가해 주동자들은 괴롭히던 대상이 사라지면 다른 괴롭힐 대상을 찾게 되는데, 다음에는 내 아이가 그 대상이 될 수도 있다는 생각을 가져야 합니다. 남이 당하면 외면하라 해 놓고, 내 아이가 당하면 도와주기를 바라는 것 자체가 모순된 바람 아닐까요? 이 점을 우리 학부모님들이 깨닫고 보다 적극적으로 학교 폭력 문제에 관심을 가지고 나서야 합니다.

영희 어머니, 혹시 '떼카, 카감, 방폭, 카톡 유령, 카따'라는 말 들어보셨나요?

▶ 아니요? 처음 듣는 말인데 그것들이 뭐예요?

■ 학교 폭력에 관심 있는 분들이나 좀 알지 대부분의 학부모님들이 잘 모르는, 온라인상에서 이루어지는 사이버 따돌림의 유형들인데요, 교사들도 모르는 분들이 많답니다.

▶ 온라인상에서도 따돌림, 그러니까 왕따가 일어난다고요?

■ 그럼요, 요즘 아이들 거의 가 다 휴대전화를 가지고 있잖아요? 바로 그 휴대전화를 통해서 왕따도 이루어지고 있습니다. 왕따뿐 아니라 갈취, 명예훼손, 모욕, 명예훼손, 성폭력 등 온갖 범죄들이 일어나고 있습니다. 휴대전화 하나면, 가해자들이 온라인상에서 무리를 지어 누군가를 24시간 괴롭힐 수도 있는 세상입니다.

 그래서 우리 학부모님들이 휴대전화를 통해 온라인상에서 일어나는 사이버 학교 폭력에 대해서도 잘 알고 있어야 합니다. 뭘 알아야 대처를 할 수 있지, 모르면 속수무책으로 당할 수밖에 없잖아요?

▶ 알겠어요, 빨리 요즘 아이들 세계에서 일어난다는 사이버 따돌림 '떼카, 카감, 방폭, 카톡 유령, 카따'가 뭔지 얘기해 주세요?

■ 네, 먼저 '떼카', 떼카는 카카오톡 단체 대화방인 단톡방에 특

Ⅰ.여전히 침묵하는 아이들

정 학생을 초대해서 집단적으로 욕을 해대는 것을 말합니다. 주동을 하는 아이가 먼저 '너 이 XX 날 씹었다며?'라고 포문을 열면 이에 동조한 다른 아이들이 일제히 그 피해 학생을 향해 욕설을 퍼붓습니다. 그런 적 없다거나 '오해야~'라는 해명의 글을 올릴 틈도 주지 않습니다. 카톡 카톡 카톡 카톡 카톡…. 올라오는 글들이 온통 눈 뜨고 볼 수 없는 욕설들뿐입니다.

만약 영희 어머니가 이렇게 단톡방에 초대받아 이러한 떼카를 당한다면 어떻게 하시겠어요? '이것들이 미쳤나?' 하고 단톡방에서 나가버리겠죠? 그런데, 아이들의 경우에는 대부분이 방을 나가지 못합니다. 왜? 다음 날 보복이 두려워서 그렇습니다.

아무튼 놀라서 얼떨결이든, 용기를 내서든 방을 나갔다고 칩시다. 그러면 가해 학생들이 '어? 얘가 나가버렸네?' 하고 그냥 가만히 놔둘까요? 아닙니다. 나간 아이를 다시 초대합니다. 다시 초대해서는 '어딜 건방지게 허락도 없이 나가냐!'며 더 심한 욕설을 퍼붓습니다. 견디다 못한 아이가 나가면 또다시 초대합니다. 또 나가면 다시 초대하기를 반복하며 괴롭힙니다. 아 무섭죠? 그렇게 나가면 다시 초대하기를 반복해서 피해 학생을 그 단톡방에 감금해 버리는 것을 '카톡 감옥', 줄여서 '카감'이라고 합니다.

다음 '방폭', 방폭은 방을 폭파한다는 말을 줄인 것인데요, 단톡방에 특정 학생을 초대해 놓고는 일순간 모두 방에서 나가버려 피해 학생만 덩그러니 남겨놓는 것을 말합니다. 그리고 '카톡 유령'은 특정 학생을 단톡방에 초대를 해 놓고는 '안녕~' 하고 인사말을 건네도 아무도 받아주지 않고, 대화에 끼어들어도 아무도 대꾸하지 않고 자기들끼리만 대화를 주고받으며, 피해 학생을 유령 취급해 버리는 것을 말합니다.

 마지막으로 '카따', 카따는 카톡 왕따를 줄인 말로 특정 학생만 일부러 초대하지 않아 소외감을 주는 것을 말합니다. 얼마 전 3년 간 친구들한테 따돌림을 당해 오다 극단적 선택을 한 고 3 학생이 유서에 '자기만 제외된 학급 단체 메신저가 있었다는 것을 알았다.'고 적어 놓은 적이 있습니다.

▶ 와, 황당하네요? 그런 일로 충격을 받는다는 것이. 그냥 무시하면 문제없을 것 같은데요?

■ 무시하면 문제없을 것 같다고요? 그것은 어른들의 단순한 생각입니다. 이런 집단 따돌림 내지 괴롭힘을 당하는 아이들의 경우에는 완전히 다릅니다. 그래서 학교 폭력 사안을 판단할 때 어른들의 생각이나 눈높이가 아니라 아이의 성향이나 아이가 처한 상황의 맥락과 눈높이에서 바라보고 이해해야 합니다. 똑같은 상황과 형태일지라도 어른이 느끼는 정도와 아이들이 느끼는 정도가 다르거든요. 똑같은 협박에도 덩치가 크거나 대찬 성향의 아이는 '웃기고 자빠졌네.' 하고 무시하거나 더 세게 나갈 수 있지만, 체

구가 왜소하거나 소심하고 겁이 많은 아이의 경우에는 오줌을 지릴 정도의 심한 정신적 공황이 올 수도 있습니다.

실제 이러한 사이버 괴롭힘으로 극단적 선택을 하거나 심적 고통으로 정신과 치료를 받는 아이들이 많습니다. 왜 그럴까요? 아까 온라인상에서 이루어지는 것이니까 무시하면 문제없지 않으냐고 말씀하셨는데, 그런 집단적 따돌림을 당하는 아이의 입장에서는 무시할 수 없는 상황이고 처지이기 때문에 문제가 되는 것입니다.

그럼 왜 무시할 수 없느냐? 그것은 괴롭히는 아이들이 생판 모르는 남들이 아니고 매일 학교에서 보거나 개학하면 봐야 할 무서운 상대들이라서 그렇습니다. 이런 사이버 괴롭힘을 당해서 극단적 생각을 해봤다는 아이들에게 물어보면, '차라리 몇 대 맞는 신체적 폭력보다 심리적 폭력이 더 힘들고 후유증이 오래간다.'고 합니다.

요즘 아이들은 인터넷 발달로 누구를 괴롭혀야겠다고 마음만 먹으면, 학교 내 교실이나 화장실 등 오프라인에서뿐 아니라 모바일 메신저나 SNS 등 온라인을 통해서 24시간 시도 때도 없이 괴롭힙니다. 한두 번 괴롭히고 그만두는 게 아니라 몇 날 며칠, 아니 수개월 동안 집요하게 괴롭히기도 합니다. 마치 사냥감이나 먹잇감, 장난감, 노예처럼 괴롭힙니다. 괴롭힘을 당하는 피해 학생의 입장에서는 하루하루가 생지옥입니다.

 몇 년 전 모 여중생이 개학을 하루 앞두고 극단적 선택을 했는데, 죽고 나서 스마트폰을 살펴보니까 같은 반 3명이 '너 요즘 문자 해도 씹고 쌩 까는데 개학하면 두고 보자.', '요즘 잠 많이 자냐? 자지 말고 열심히 놀아둬라. 죽으면 실컷 잘 텐데.', '우리가 죽여줄 때까지 스스로는 절대 죽지 마라. 네가 죽으면 우리가 심심하잖아.', '아 드디어 내일이 개학이네. 내일이면… ㅋㅋㅋ 기대된다.'라는 등의 문자를 2주 전부터 하루에 2~30통을 매일 보내 괴롭혔습니다. 개학일이 하루하루 다가올수록 그 피해 여학생이 가졌을 심리적 고통이 어떠했을지 느껴지나요?

▶ 아, 뭐라 말을 못하겠네요. 처음에는 사이버상에서 벌어지는 것만 생각하고 눈앞에 없으니까 그냥 '무시하면 그만이지?' 하고 생각했는데, 당하는 아이의 입장에서 생각해 보니까 무시할 수 없는 엄청난 두려움이 느껴지네요. 그렇게 무섭게 괴롭히는 아이들이 개학하면 만나야 하는 같은 반 친구들이었다는 점에서 특히 그렇습니다.

■ 맞아요, 예전에는 집 밖에서 괴롭힘을 당하다가도 집에만 오면 맘 편히 쉬고 잠을 잘 수 있었는데, 요즘은 휴대전화를 통해 괴롭힘을 당할 수 있으니까 집에 와서도 편히 자지 못합니다.

I.여전히 침묵하는 아이들

그리고 우리 학부모님들이 알아야 할 것 중 하나가 요즘 휴대전화 등을 이용한 디지털 성범죄, 그것도 19세 미만의 아동청소년을 대상으로 한 디지털 성범죄와 아동청소년이 저지르는 디지털 성범죄가 급증하고 있다는 점입니다.

최근 남자 중학생이 같은 학원에 다니는 여학생의 사진을 몰래 찍은 뒤 그 여학생의 얼굴과 다른 여성의 나체와 합성한 음란물을 여학생의 휴대 전화번호 등의 개인 정보와 함께 인터넷에 유포해서 처벌을 받았는데, 법원이 중학생이지만 죄질이 아주 불량하고 피해 여학생의 정신적 고통이 극심할 것이라며 2년의 실형을 선고하고 법정 구속해 버렸습니다.

내 얼굴의 나체 합성음란물이 인터넷에 떠돈다? 그리고 남들이 그 음란물을 시청한다? 생각만 해도 끔찍하죠? 그런데 문제는 그러한 불법행위를 저지르는 대부분의 아이들이 '범죄라는 사실을 모르거나 취미 생활'이라고 생각한다는 것입니다. 피해자의 일상과 삶이 일순간에 망가지고 지옥이 되는데도 말입니다.

혹시 '리벤지 포르노 유포'라는 말을 들어보셨나요? 연인 관계 또는 부부 관계로 있을 때 촬영해 놓은 성생활 등의 은밀한 사생활을 담은 사진이나 영상을 (헤어진 후) 사적 복수를 하기 위해, 상대방(전 연인 또는 아내)의 동의 없이, 무단으로 인터넷에 유포하고, 그 유포한 사이트 주소를 상대방의 부모, 친구, 친인척, 직장 동료들에게 해당 사이트를 링크해서 보내는 방법으로 복수하는 아주 치졸하기 그지없는 악성 디지털 성범죄입니다. 최근 미국에서 4년간 만나다 헤어졌던 남자가 전 여자 친구의 은밀한 영상과 사진을 인터넷에 이름과 집 주소까지 넣어서 퍼트리기 시작했고, 여자 친구의 가족과 친구, 직장 동료들에게 이 영상이 올려진 인터넷 주소를 보내기도 했습니다. 그러고는 전 여자 친구에게 '너는 평생을 인터넷에서 너 자신을 지우려고 하겠지만 실패할 것이다. 네가 만나는 모든 사람들이 너의 이야기를 듣고 보게 될 것이다.'라며 협박했습니다. 이에 전 여친이 자신의 평범한 일상과 삶이 망가졌다며 전 남자 친구를 상대로 법원에 손해배상 청구를 했는데, 법원이 얼마를 배상하라고 판결한 줄 아세요? 우리나라 돈으로 무려 약 1조 6천억 원을 배상하라고 판결했습니다.

'너로 인해 한 여성의 평온한 삶이 망가졌으니 너의 남은 삶도 망가져야 한다. 평생, 버는 족족, 전 여친에게 줘라. 지금부터 네 인생에 행복이라는 건 없다. 복권에 당첨돼도 그 당첨금을 다 전 여친에게 줘야 할 것이다.', 이런 의미의 판결이 아닌가 싶습니다. 이게 현대판 '이에는 이, 눈에는 눈'이 아닐까? 하는 생각도 들었습니다.

요즘 AI 기술이 고도화함에 따라 이를 이용해 합성물을 쉽게 만들 수 있는 딥페이크 앱이 인터넷에 널려 있고, 이러한 딥페이크

I.여전히 침묵하는 아이들

앱을 이용해 10대와 20대들 사이에 지인들의 얼굴과 다른 사람의 몸이나 동물을 합성하는 것이 놀이처럼 번지고 있습니다. 문제는 지인 능욕처럼 지인의 얼굴과 음란물을 합성해서 SNS 등에 유포하는 것인데, 이러한 행위는 피해 여성(학생)의 삶과 영혼을 망가뜨리는 엄청난 성범죄가 됨을 어린 학생 때부터 제대로 알려줘야 합니다. 우리 아이들이 한 사람의 영혼과 삶을 망가트리는 성범죄의 가해자가 되면 안 되잖아요. 그리고 온라인 채팅 방이나 메타버스, 트위터 등의 사이버상에 (익명성을 이용해) 사기, 공갈, 성폭력, 살인 등의 나쁜 의도를 가지고, (양의 탈을 쓴 늑대처럼) 먹잇감을 노리는 사이코 패스나 소시오 패스가 우글거리고 있다는 사실도 분명히 알려줘야 합니다. 우리 아이들이 그들의 먹잇감이 되어 영혼이 탈탈 털리는 피해자가 되어서도 안 되잖아요. 사실 몰라서, 제대로 알려주는 사람이 없어서, 그런 가해자가 되기도 하고 피해자가 되는 경우가 대부분입니다. 그리고 요즘 성을 팔아도 되는 것이고 사도 되는 것으로 생각하고 아무렇지 않게 조건만남에 응하는 아이들이 많은데, 이러한 성매매 행위 역시 범죄라는 점도 제대로 알려줘야 합니다.

▶ 네, 요즘 아이들은 오프라인보다 온라인에서 친구나 연인 사귀기를 더 부담 없어 한다는데 무섭고 큰일이네요…. 그나저나 디지털 성범죄의 피해자는 말할 수 없는 두려움과 좌절감 속에서 살아가야 할 텐데, 그런 짓을 취미로 생각하는 10대나 20대가 많다

니 정말 놀랍고 걱정되네요. 우리 같은 성인 여성도 그런 일을 당하면 무력감, 대인기피증, 우울증 등으로 인해 극단적인 생각을 하루에도 몇 번씩 할 텐데, 아직 어린 아동청소년기에 그런 일을 당하면 더 극단으로 와닿겠어요. 창피해서 누구한테 말도 못하고…, 어쨌든 오프라인이든 온라인이든 사이버상이든 누군가한테 학교 폭력을 당해서 힘들면 엄마 아빠한테 말을 해야지 왜 바보같이 말을 안 한대요?

■ 그러니까 말입니다. 저도 처음엔 영희 어머니 말씀처럼 '엄마 아빠한테 말만 하면, 학교 폭력으로 극단적 선택을 시도하는 아이들이 없을 텐데 왜 말을 안 할까? 정말 바보라서 안 할까?'라고 생각했습니다. 그래서 제가 학교 폭력 때문에 극단적 선택을 생각해 본 적이 있다는 아이들한테 물어봤는데, 그 아이들이 뭐라고 답했는지 아세요?

'다른 친구들한테 고자질쟁이, 마마보이, 겁쟁이 찌질이라고 놀림을 당하거나 왕따를 당할까 봐서 안 했다.'부터 '아빠한테 친구들에게 맞고 돈을 뺏기고 다닌다며 병신 소리 듣고 혼날까 봐서 안 했다.', '맞고 다닌다고 말하는 자체가 쪽팔려서 안 했다.', '나때문에 엄마 아빠가 실망하고 걱정하실까 봐서, 미안해서 안 했다.' 등 다양했습니다. '내 얼굴의 합성음란물을 누가 SNS에 올렸다고 말하면 엄마 아빠가 SNS를 못하게 할까 봐서 말을 안 했

I.여전히 침묵하는 아이들

다.'는 아이도 있었습니다. 정말 어이없는 대답이지만 이게 아이들입니다. 그리고 '엄마 아빠한테 말해 봤자, 일만 커지고 걱정만 할 뿐 달라질 게 없다. 아무 소용없다.'는 좌절감과 '괜히 신고해 봤자 더 심한 보복만 있을 뿐이다.'라는 두려움 때문에 말을 못하고 신고도 안 했다는 아이들이 많았습니다. 심지어 거짓말을 해 가면서까지 학교 폭력을 당하고 있다는 사실을 말하지 않은 아이들이 많았습니다.

▸ 네? 거짓말을 하면서까지 학교 폭력을 당하고 있다는 사실을 말하지 않는 아이들이 많다고요? 어떻게요?

■ 엄마가 '너 무슨 고민 있니? 요즘 왜 밥도 잘 안 먹고 기운이 없어?'라고 묻자, 사실은 같이 밥을 먹어주거나 말 상대를 해 주는 친구가 한 명도 없어서 학교에 가는 게 싫고 고민이 많았었는데 차마 사실대로 말을 못하고 '그냥 요즘 좀 피곤해서 그래.'라고 거짓말로 답한 아이가 있었고, 엄마가 '너 요즘 왜 이렇게 용돈을 자주 달라고 해?'라고 나무라자, 사실은 친구들이 돈을 가지고 오지 않으면 때린다고 해서 용돈을 자주 달라고 한 것이었는데 '키가 크려는지 먹고 싶은 것이 많아서', '문제집을 잃어버려서'라고 천연스레 거짓말을 한 아이도 있었습니다. 그리고 엄마가 '너 눈두덩이에 왜 멍이 들었어?'라고 물었을 때, 사실은 맞아서 얼굴에 멍이 든 것이었는데 '친구들하고 축구하다 부딪쳐서 그랬

어.'라고 거짓말을 했다는 아이들도 있었습니다.

▶ 그런데 왜 거짓말을 하면서까지 사실대로 말을 하지 않는 거죠?

■ 앞에서 이야기했듯이 '누구한테 맞았다고 하면 쪽팔려서 그런 것도 있지만, 막상 이야기해 봤자 일만 커지고 달라질 게 없다, 신고하면 나를 안전하게 지켜주는 사람이 없고 더 큰 보복만 있을 뿐이다.'라는 좌절감과 두려움이 그만큼 크기 때문입니다. 그래서 학교 폭력을 어른들의 눈높이가 아닌 피해 학생 개개인의 성격과 피해 학생이 처한 상황의 맥락과 눈높이로 바라봐야 제대로 이해할 수 있습니다. 그렇게 보지 않으면 말을 하지 않은 피해 학생을 탓하게 됩니다.

아이들이 학교 폭력을 지속적으로 당하면서도 말을 하지 않는 이유 중, '엄마 아빠한테 말하면 화부터 내고 혼낼 거야, 말하면 실망만 할 거야.'라는 생각은 대체 어떻게 하게 된 걸까요?… 그냥 엄마 아빠가 자기한테 하는 평소 행동이나 성격 등에 비추어서 눈치로 그렇게 생각했답니다.

갓난아기의 눈치가 10단이라는 것 아시죠? 내가 지금 울어야 할 때인지 웃어야 할 때인지, 엄마가 화가 나 있는 상태인지 기분이 좋은 상태인지 순간순간 느끼고 안답니다. 서너 살만 돼도 집에서 엄마 아빠 중 누가 힘이 센지 알고 힘이 센 쪽의 눈치를 더 많이

I.여전히 침묵하는 아이들

봅니다. 사람이든 동물이든 자신이 힘이 없으면 눈치라도 빨라야 생존할 수 있다는 것을 본능적으로 압니다. 그래서 커갈수록 덩치가 작은 아이보다는 큰 아이하고 어울리는 게 안전하고, 혼자보다는 여럿하고 어울리는 것이 안전하다는 것을 알고 그렇게 행동하는 것입니다.

아무튼 엄마 아빠한테 말했다가 '너는 손이 없냐 발이 없냐, 병신같이 왜 처맞고 다니느냐? 연필로 어깨를 찍어버리든가 물어뜯기라도 해야지!', '너는 누구를 닮아서 그렇게 소심하고 겁이 많으냐? 뭐가 겁나서 하지 마라는 소리도 못하냐!'는 야단을 들은 아이들이 있었습니다. 혹시나 하고 이야기를 했다가 역시나 혼만 나고 핀잔만 들었다는 생각에 화가 나고 억울해서 미칠 뻔했다는 아이도 있었습니다. 그래서 그 뒤로 누가 자기를 건들기만 하면 때리거나 욕을 퍼부어대거나 심지어 연필로 어깨를 내려찍은, 엄마 아빠의 말을 참 잘 들은 착한(?) 아이가 있었는가 하면, 그 뒤로는 아무리 힘든 괴롭힘을 당해도 엄마 아빠한테 말을 하지 않았다는 아이들도 의외로 많았습니다.

그리고 '엄마 아빠한테 말해 봤자 신고해도 일만 커질 뿐 달라질 게 없다, 아무 소용없다.'는 생각은 왜 하게 되었을까요?… 바로 주변 친구나 인터넷, 방송을 통해 '신고해 봤자 결론은 솜방망이 처벌'이라는 것을 듣고 봐서 그렇게 생각하게 되었고, 가해 학생들이 놀거나 배경이 센 친구들이고 신고하면 가만두지 않겠다며 협박을 해서 신고하면 당연히 보복할 것으로 생각하게 되었답니다.

 같은 반에서 노는 애들한테 한 친구가 학교 폭력을 당하고 있는 것을 보고 그에 동조하거나 보고도 못 본 척하고, 신고도 안 하는 이유도 바로 거기에 있답니다. 신고를 해도 웬만하면 구속 되지 않고 불구속 상태에서 조사를 받게 되기 때문에 며칠 지나면 같은 교실에서 함께 지내게 될 것이고, 또 학교에서 가해 학생에게 긴급 출석 정지를 한다하더라도 가해 학생이 학교 끝나는 시간에 집에 가는 길목이나 학원 앞에서 기다리고 있을 것임을 뻔히 아는데 어떻게 신고를 하느냐고 합니다.

 어떤 학생이 그러더군요, '신고하면 뒷감당은 누가 해줍니까? 선생님이 해주실 겁니까? 어떻게 해줄 건데요?'라고 말입니다. 이 질문에 '내가 책임지고 지켜줄게!'라고 답할 어른이 몇이나 있을까요? 그리고 학교 폭력 문제로 선생님과 상담을 하거나 신고를 했는데 '네가 너무 예민한 것 아니냐?'며 오히려 자기를 이상한 사람인 것처럼 얘기하거나 가해 학생들의 이야기를 들어보고 나중에 부르겠다고 하고서 며칠이 지나도 연락도 안 주더라며 학교 폭력 문제로 상담을 하거나 신고하면 선생님들이 싫어하거나 귀찮아하는 것 같았다고 말한 아이들도 있었습니다. 그 아이들은 '그럴 거면 왜 신고를 하라고 하는지 모르겠다.'며, 그 뒤로 웬만해서는 선생님이나 어른들에게 말을 하지 않고 참거나 직접 해결

I. 여전히 침묵하는 아이들

했답니다.

▸ '지켜주지도 못할 거면서, 막상 상담을 하거나 신고를 하면 오히려 이상한 애 취급하고 신경도 안 쓸 거면서 왜 신고를 하라는 것이냐?'인데, 그게 사실이면 진짜 할 말이 없네요. 우리가 대체 어떻게 해야 할까요?

■ 당연히 아이들에게 믿음을 줘야죠. 어떻게? 엄마 아빠한테 말을 해도 혼나지 않고 위로받을 것이라는 믿음, 엄마 아빠한테 말을 하고 학교나 경찰에 신고를 하면 달라질 것이라는 믿음과 안전하게 보호받을 수 있다는 믿음을 줘야 합니다. 그리고 아무리 사소한 폭력일지라도 선생님에게 말하면 내 말을 귀담아듣고 열 일 제쳐두고 신경 쓴다는 믿음을 줘야 합니다. 아이들에게 그러한 믿음을 주지 못하는 한 '학교 폭력을 당하거나 목격하면 곧바로 말하라, 신고하라.'고 백날 교육한들 쉽게 말도 신고도 하지 않을 것입니다. 그동안 학교에서 수도 없이 그렇게 하라 교육하고 온갖 제도와 정책, 그리고 프로그램을 실시해도, 여전히 말을 하지 않고 극단적 선택을 하는 아이들이 나오는 것을 보면 알 수 있잖아요?

솔직히 우리 어른들도 직장에서 힘이 있는 상사나 낙하산 동료로부터 심한 직장 내 괴롭힘을 당해도 쉽게 대들거나 신고를 하지 못하고 참는데, 그 이유가 괜히 대들거나 신고했다가 오히려 자기가 인사상 불이익을 받는 등의 보복을 당할까 두려워서잖아요!

아무튼, 아이들에게 신고하면 달라지고 안전하게 보호받을 수 있을 것이라는 믿음을 어떻게 줄 것인지, 그리고 혼부터 나지 않고, 위로받고, 함께해 줄 것이라는 믿음을 어떻게 줄 것인지에 대해 우리 모두 고민해야 합니다. 소 잃고 외양간 고치는 어리석은 짓을 더는 반복하지 않기 위한 해결책이기 때문입니다.

　그런데… 영희 어머니, 학교폭력예방법에 학교장은 학기마다 1회 이상 학생, 교직원, 학부모를 대상으로 학교 폭력 예방 교육을 실시하도록 되어 있는데, 혹시 학교에서 예방 교육을 받지 않으셨어요? 학교 폭력에 대해 너무 모르시는 것 같아서요. 혹시 받았다면 어떻게 받았나요?

▸ 법에 학교장이 학기마다 1회 이상 교육을 하게 되어 있어요? 몰랐어요. 그리고 예방 교육을 제대로 받은 기억이 없습니다. 1학기 때는 학부모 총회 때 10여 분 정도 학교전담경찰관이나 학교 폭력 담당 선생님한테 들었던 것 같고, 2학기 때는 학교 폭력 가·피해 학생들이 보이는 행동들을 죽 적어 놓은 가정 통신문을 받은 것이 전부인 것 같습니다.

■ 그렇게 교육을 받으니까 뭐 좀 기억나는 것 있나요?

▸ 부끄럽지만 아이가 학교 폭력 가해자로 처벌받으면 생기부에 빨간 줄 올라간다는 것만 생각나지 아무것도 생각이 안 납니다.

■ 영희 어머니가 부끄럽게 생각할 게 아니라 학교와 교육 당국이 부끄러워해야 할 일입니다. 그렇게 하는 교육은 예방 교육을 하는 게 아니라 법에 하라고 되어 있으니까 마지못해 하는, 했다는 시늉만 내는 형식적 교육이기 때문입니다. 그런 학부모 교육은 백날 해봤자 시간 낭비이고 재정 낭비일 뿐입니다.

제가 그동안 학교 폭력 상담을 하면서, 그리고 학교 폭력 관련 형사, 민사, 행정소송 사건을 처리하면서 만난 학부모들이 수백 명은 족히 넘을 텐데요, 그분들에게 '아니 학교에서 1년에 두 번 이상 학부모 교육을 하도록 되어 있는데, 학교 폭력에 대해서 왜 그렇게 모르세요?' 하고 물으면, 그분들 거의 모두가 방금 영희 어머님이 말했듯이 그렇게 형식적으로 교육을 받아서 모른다고 답합니다(학생들과 교직원들 역시 제대로 된 교육을 받아본 적이 없어서 잘 모른다고 답합니다).

현대사회에서 각종 안전사고 예방의 시작점이 뭐죠? 예방 교육입니다. 예방 교육의 중요성은 아무리 강조해도 지나치지 않죠? 학교 폭력도 마찬가지입니다. 예방 교육이 시작점입니다. 그럼 학교 폭력 예방 교육의 대상이 누구인가요? 학생, 교직원, 학부모입니다. 이 대상 중 가장 먼저 예방 교육을 해야 할, 중요한 사람은 누구일까요?… 학부모입니다(이유는 뒤에서 말하겠습니다). 그런데 입으로는 '학교 폭력이 심각하다, 심각하다.' 하면서 가장 중요하고 먼저인 학부모 교육을 왜 이렇게 소홀히 하는지 도무지 이해가 안 됩니다.

 아마 앞으로는 학교가 예방 교육을 지금까지 해 온 것처럼 형식적으로 하면 소송에 휘말리는 등 큰코다칠 것입니다. 이제 변호사들이 학교 폭력 시장이 돈이 된다는 것을 알았고, 학부모들 역시 학교 폭력 처리 절차와 교사들이 어떻게 해야 하는지 등에 대해 점차 알아가는 분들이 많아지고 있거든요. 학교장의 형식적 교육과 교사의 잘못된 대처를 문제 삼아 민원과 소송을 제기하는 일이 많아질 것입니다(실제로, 복도에서 잠깐의 말다툼과 주먹다짐을 하는 두 학생을 본 교사가 둘을 불러 훈계한 다음 화해를 시키고 그냥 넘어가 줬는데, 그날 저녁 싸웠던 한 학생이 다른 학생을 놀이터로 불러내 친구들과 함께 심하게 폭행한 사건이 발생하자, 피해 학생의 부모가 학교(교사)의 잘못된 대처로 큰 피해를 당했다며 교육청에 민원을 넣고 법원에 손해배상을 청구했습니다).

 이제 우리 학부모들에게 왜 제대로 된 교육을 해야 하는지 이야기해 볼까요? 학부모의 입장에서는 우리 학부모들이 학교 폭력에 대해 '제대로' 알아야 하는 이유나 필요성이 되겠습니다. '아, 내가 이래서 학교 폭력에 대해 알아야 하는구나!', '아, 내가 그래서 학교 폭력에 대해 알아야 할 필요성이 있구나!' 하고 학교 폭력에 대해 알아야 하는 이유나 필요성을 피부로 확 느꼈을 때 학교 폭력에 대해 관심을 가지기 때문에 먼저 이야기합니다. 관심이 없으면 백 번 말해도, 천 번 들어도 귀에 들어오지 않잖아요.

I.여전히 침묵하는 아이들

학부모들이 학교 폭력에 대해 '제대로' 알아야 하는 이유

(학부모에게 제대로 된 교육을 해줘야 하는 이유)

첫째는, 학교 폭력으로 인한 가·피해가 오롯이 보호자인 학부모의 몫이 되기 때문입니다.

어느 날 금쪽같은 내 아이가 학교 폭력으로 극단적 선택을 하거나 인사불성이 되거나 심리 치료를 장기간 받아야 하는 일이 생겼다고 생각해 보세요? 그리고 그 가해 학생이 내 아이라고 생각해 보세요?… 생각만 해도 끔찍하죠? 피해 학생의 부모 심정이야 말할 필요도 없이 고통스럽겠지만, 가해 학생의 부모 역시 고통과 걱정이 이만저만 아닙니다.

당장 자녀의 학교생활기록부에 학교 폭력 가해 처분 내용이 기재돼서 상급 학교에 진학할 때 불이익을 당할 걱정을 하게 되고 (설령 어떻게 어떻게 해서 문제시되지 않고 그냥 넘어갔다 하더라도 나중에 '학폭 미투'처럼 언제 불거져서 자녀의 꿈이 무산될지도 모르는 걱정을 해야 함), 형사·민사상 소송으로까지 가게 되면 소송 비용과 손해배상 등으로 인한 막대한 금전적 손해가 발생하게 됩니다.

요즘에는 학교폭력대책심의위원회(이하 '학폭위'라 합니다)에서 피해 학생에게 교육감이 지정한 기관에서 상담 및 치료 등을 받도록 조치 결정을 하는 경우가 많은데 이때 들어가는 비용을 가해 학생의 부모가 모두 부담해야 합니다. 피해 학생의 신속한 치료를 위해 치료비를 학교안전공제회에서 먼저 지급해 주고 나중에 학교안전공제회가 가해 학생의 부모에게 상환 청구를 하게 됩니다. 잘 아시겠지만 심리 치료는 한두 번 받는 게 아니라 2년이 넘는 장기간 받는 경우가 많고, 비용이 비쌀 뿐만 아니라 치료 횟수도 많습니다. 그래서 치료비가 한 달에 2~300만 원이 나오는 경우도 있습니다.

학교안전공제회에서는 피해 학생에게 2년(1년 더 연장 가능)간의 치료비를 지급해 주는데 그 금액이 수천만 원이 나오는 경우도 있습니다. 매달 2~300만 원씩 2년 동안 상환 청구서가 집에 온다고 생각해 보세요. 끔찍하지 않나요? 이게 다가 아닙니다.

치료비를 선뜻 주면 모르겠지만 안 주면 어떻게 될까요? 학교안전공제회에서 가만있을까요? 아닙니다. 민사 소송을 청구합니다. 민사 소송을 청구하면 순 치료비라서 가해 학생의 부모가 100% 집니다. 그럼 원고(학교안전공제회)가 선임한 변호사 비용과 인지대 등의 소송 비용도 줘야 합니다. 뿐만 아니라 피해 학생과 엄마, 아빠, 동생 등 가족들이 입은 정신적 손해(위자료)도 배상해야 합니다. 이렇게 저렇게 소송에 시달리다 결국 집이 경매로 넘어간

Ⅰ.여전히 침묵하는 아이들

경우도 있습니다.

 그리고 가해 학생에 대한 조치가 1호부터 9호 조치가 있는데 자녀가 2호 조치 이상을 받게 되면 보호자인 부모도 교육감이 지정한 기관에 가서 일정 시간의 특별 교육도 받아야 합니다. 안 받으면 받을 때까지 교육감이 300만 원 이하의 과태료를 부과합니다.
 또한 가해 학생의 부모는 평생 남의 귀한 자식을 괴롭히거나 죽게 한 자식의 부모라는 손가락질과 죄책감에 사로잡혀 살아야 합니다.

 자녀의 학교 폭력 문제로 부모가 직장에서 인사상의 불이익을 받는 경우도 있습니다. 특히 가해 학생의 부모가 공직자인 경우에는 더더욱 그러합니다. 요즘 고위 공직자에 임명되었다가 자녀의 학교 폭력 문제가 불거져서 온갖 질타를 받고 물러나는 일이 발생하고 있잖아요. 이와 같이 학교 폭력은 그 결과가 오롯이 피해 학생의 부모뿐 아니라 가해 학생의 부모의 몫이 됩니다. 그래서 제대로 알아야 합니다.

 그런데, 문제는 이러한 사실을 학부모님들 거의 대부분이 모르고 있다는 것입니다. 왜 모를까요? 학부모들에게 이러한 내용을 제대로 알려주는 사람이 없기 때문입니다. 그래서 어떤 일이 벌어지고 있느냐? TV에서 끔찍한 학교 폭력 관련 뉴스가 나오면 '혹시 내 아이가 왕따나 학교 폭력을 당하면 어떡하지?' 하고 걱정하는 학부모만 있지, '혹시 내 아이가 남을 괴롭히거나 학교 폭력을 저지르고 다니면 어떡하지?' 하고 걱정하는 학부모가 없습니다. 가해 학생을 하나라도 더 줄이려는 게 학교 폭력 예방 교육의 핵심입니다. 가해 학생이 없으면 당연히 피해 학생도 없기 때문입니다. 학교 폭력은 내 아이가 친구들을 때리거나 괴롭히면 어떡하지? 하고 걱정하는 부모가 많으면 많을수록 확 줄어들 것입니다. 그래서 학부모님들에게 학교 폭력에 대해 제대로 교육을 해야 합니다.

 둘째는, 학교 폭력이 누구에게나, 언제라도 일어날 수 있는, 그런 폭력이기 때문입니다.

 학교 폭력, 하면 남의 자녀한테나 일어나고 내 아이에게는 일어나지 않는다고 생각하는 학부모들이 많은데, 그러한 생각은 완전 착각입니다. 제가 만난 학교 폭력 가·피해 학부모님들 중에는 교사, 경찰·검찰 공무원도 있었고, 심지어 검사, 판사 사모님들도 있었습니다. 그분들이 한결같이 하시는 말씀이 뭔지 아세요? 친구들이나 다른 학부모들과 모여서 차를 마시거나 식사를 할 때 '요즘 학교 폭력이 심하다.'는 이야기를 하기도 하고 또 관련 뉴스를 보기도 했지만, 그때마다 속으로는 '남의 일이다. 나와는 상관없다.'라고 생각했는데, '내 아이가 친구들한테 괴롭힘을 당해 왔다는 사실이 믿기지 않는다.', '내 아이가 친구들을 괴롭히고 다니는 애였다는 사실이 정말 믿기지가 않는다.'는 것입니다.

I.여전히 침묵하는 아이들

이제 '내 아이에게도 일어날 수 있는 것이 학교 폭력이다. 피해자가 될 수도 있고 가해자가 될 수도 있다.'라는 생각을 가지고 학교 폭력에 대해 관심을 가져야 하고, 학교 폭력에 대해 제대로 알아야 합니다.

셋째는, 학교 폭력 사안 처리 과정에 보호자인 학부모의 개입이 불가피하고, 사안의 시작과 끝이 학부모에 의해 결정되기 때문입니다.

대부분의 학교 폭력 가·피해 학생들은 미성년자이고, 사안 처리 절차상 보호자인 학부모의 확인이 반드시 필요합니다. 그래서 학교 폭력 문제 해결 과정에 학부모의 개입이 불가피합니다. 그런데 학교 폭력에 대해 너무 모르고 개입하는 분들이 대부분입니다.

그리고 학교 폭력 사안이 원만하게 빨리 해결되느냐, 아이들 싸움이 어른 싸움이 돼서 맞고소에 적반하장식 다툼으로 갈 데까지 가느냐의 여부가 대부분 보호자인 학부모에 의해 결정됩니다. 사건 당사자는 아이들인데 어느 순간 아이들은 온데간데없어지고 학부모들끼리 치고받고 싸우는 경우가 다반사입니다.

학폭위에서 강제 전학 처분을 받자 전학을 늦출 목적으로 교육청을 상대로 집행 정지 신청과 행정소송을 제기해서 대법원까지 가는 경우도 있습니다. 피해 학생이 느끼게 될 두려움과 좌절감,

고통과 분노 등에 대하여는 추호의 헤아림이 없고 오로지 자기 아이만을 생각하는 행위들입니다. 그래서 학부모님들이 사안 발생 시 가져야 하는 올바른 마음가짐과 대처 요령, 그리고 사안 처리 절차 등에 대해서 잘 알아야 합니다. 그래야 감정싸움으로 번지는 것을 막을 수 있고, 제 2, 제 3의 가ㆍ피해를 막을 수 있습니다.

넷째는, 내 아이가 학교 폭력 사안 처리 과정에서 억울한 피해를 당할 수 있기 때문입니다.

요즘 가해 학생들은 정말 교묘하고 영악하게 괴롭히다가 막상 발각되면 미꾸라지처럼 빠져나가려 하거나 괴롭힘의 원인과 책임을 피해 학생에게 떠넘기고 뒤집어씌우는가 하면, 눈물을 흘리며 반성하는 척하면 어른들이 쉽게 속아 넘어간다는 것을 잘 알고서 반성문을 쓸 때 악어의 눈물을 떨어뜨려 진심으로 반성하며 참회의 눈물을 흘리고 있는 것처럼 위선을 떨기도 합니다.

실제로 정작 피해 학생은 가해 학생에게 사과 한마디 못 들었는데도 학폭위가 가해 학생이 제출한 반성문과 피해자에 대한 서면 사과 편지만 보고 가해 학생이 진심으로 반성하고 있다며 솜방망이 처벌을 한 경우가 있습니다. 학폭위가 가해 학생의 영악한 요식 행위에 놀아나서 이런 어처구니없는 결정을 한 것입니다. 학폭위가 이런 어이없는 결정을 했다는 사실은 가해 학생으로부터 사과도 받지 못했는데 어떻게 그런 낮은 처분을 받을 수 있느냐며

I.여전히 침묵하는 아이들

억울해한 피해 학생의 학부모가 이의 신청을 하고 나서야 알려졌습니다.

또 '세 사람만 우겨대면 없는 호랑이도 만들어 낼 수 있다.'는 속담처럼, 몇 명이서 입을 맞춰서 애먼 친구를 생도둑으로 모는 경우도 아이들 세계에 자주 일어납니다. 이러한 가해 행위는 피해 학생에게 자기가 저지르지도 않은 행위에 대해 '자기가 안 했다는 사실을 입증하도록 하는' 정말 지능적이고 악의적인 범죄입니다. 우리 어른들도 그렇지만 이렇게 억울한 누명을 써서 처벌받은 피해 학생이 갖게 되는 심적 고통은 이루 말할 수 없습니다.

그리고 누가 봐도 피해자인데 사안 처리 과정에서 가해자로 뒤바뀌는 어이없는 경우도 있었습니다. 바지를 벗기려는 친구를 밀쳐서 상처가 난 사안에 대해 학폭위가 바지를 벗기려 했던 아이에게는 아무런 징계 조치를 하지 않고 밀친 아이에게만 징계 조치를 한 어처구니없는 결정을 한 경우가 그렇습니다. 바지를 강제로 벗기려는 아이를 밀친 행위는 자기를 보호하기 위해(바지 벗김을 당하지 않기 위해) 무의식적으로 방어기제가 발동된 것으로 정당방위에 해당해서 학교 폭력에 해당하지 않아 '조치 없음' 처분을 했어야 함에도 그런 결정을 한 것입니다.

오히려 이 사안은 바지를 벗기려는 아이를 강제추행 등의 혐의로 처벌을 해야 하는 사안입니다. 그런데 왜 바지를 벗기려 한 학생에게는 징계 처분을 안 한지 아십니까? 바지 벗김을 당하다 밀친 아이가 바지를 벗기려 했던 아이를 학교 폭력으로 신고를 안 해서 그랬답니다(이런 사안은 신고를 안 했더라도 확인 조사 과정에서 인지해서 쌍방으로 학폭위에 심의를 요청해야 맞음. 더구나 강제로 바지를 벗기는 행위는 성범죄로 즉시 수사기관에 신고를 했어야 할 사안임). 이렇게 모르면 눈 뜨고 당할 수밖에 없는 게 학교 폭력입니다. 그래서 우리 학부모님들이 어떤 경우가 학교 폭력에 해당하는지, 그리고 학교 폭력 처리 과정에서 어떤 일이 일어날 수 있는지 등에 대해서 제대로 알아야 합니다. 그래야 정말 어이없는 억울함을 당하지 않을 수 있습니다.

다섯째는, 학교 폭력으로 인해 발생할 수 있는 교사와 학부모 간의 불필요한 오해와 갈등을 예방할 수 있기 때문입니다.

얼마 전 모 맘 카페에 이런 글이 올라왔습니다. '초등학교 4학년인 아들이 운동장에서 친구와 함께 놀다가 말다툼이 생겨 치고받고 잠깐 싸우다가 서로 화해하고 집에 왔는데, 이를 본 교감이 아이들을 학교 폭력으로 신고했고, 그래서 조사를 받고 생활기록부에 올라가게 생겼다. 교감이 너무한 것 아니냐?'는 내용입니다.

영희 어머니는 어떻게 생각하세요? 교감이 너무했고, 조치 내용이 생활기록부에 기재될 것으로 생각하세요? 이 글에 수없이 많은 학부모들의 댓글이 달렸는데, 그 내용을 한마디로 정리하면,

I.여전히 침묵하는 아이들

'초등학교 4학년이면 아직 세상 물정 모르는 어린아이들인데 서로 화해를 안 했으면 몰라도 화해까지 했는데, 학교 폭력에 대해 모르는 일반인도 아닌 교감이라는 사람이 학교 폭력으로 신고해서 처벌을 받게 할 수가 있느냐, 믿기지 않는다.'입니다.

저도 아이들을 키워 본 사람으로서 어머니들의 그러한 마음을 십분 이해하고 공감합니다. 하지만 그와 같은 댓글은 교사가 왜 (누가 봐도 그냥 넘어가 줘도 되는) 사소한 폭력임에도 신고를 했는지 그 이유에 대해 모르고, 그저 감정적으로 해대는 말이고, 오해입니다.

학교 폭력 현장을 보거나 그 사실을 안 교원은 학교에 즉시 신고하도록 법에 규정되어 있고, 학교 폭력에 신고되었다고 그 조치 결정 내용이 모두 생활기록부에 기재되는 것도 아니거든요. 교감은 자신의 법적 신고 의무를 다 한 것이고(교사는 학교 폭력 현장을 보거나 안 이상 피해 학생 및 그 보호자가 신고를 원하지 않아도 신고를 해야 함. 신고를 안 하면 법적 '신고 의무' 규정을 위반하는 것이 됨), 이런 사안은 학교장 자체 해결로 마무리되어 생활기록부에 기재되지 않을 수 있습니다. 그래서 우리 학부모들이 학교 폭력에 대해 제대로 알아야 합니다. 그래야 몰라서 발생하는 교육공동체의 주축인 교사와 학부모 간의 갈등과 오해를 방지할 수 있습니다.

여섯째는, 학교 폭력의 발생 근본 원인이 가정에서 비롯되는 경우가 대부분이고, 부모에 의해 저질러지는 경우가 많기 때문입니다.

부부싸움은 아이들에게 고문 수준의 폭력이랍니다. 아이들이 바로 옆에 있는데도 고성으로 막말을 해가며 싸우는 부모들이 있고, 아이들이 방에 있다는 생각만 하고 큰소리로 서로를 비난하며 싸우는 부모들도 많습니다. 하지만 이렇게 한다고 해서 아이들이 싸우는 소리를 못 듣는 거 아닙니다. 다 듣습니다.

엄마 아빠가 싸우는 것을 보고 듣는 아이들은 어떤 감정과 생각을 가지게 될까요? 어릴수록 엄마 아빠로부터 버려질지도 모른다는 극단적 두려움에 휩싸이게 되고, '엄마 아빠가 헤어지면 누구하고 살아야 할까?' 하고 심각한 걱정과 고민에 빠지기도 합니다. 싸우는 원인이 공부를 못하는 등의 자기로 인한 것이면 '난 정말 못난 놈이야, 존재 자체가 엄마 아빠한테 민폐야.'라는 죄책감까지 가지게 됩니다. 그러한 두려움과 죄책감으로 아이들은 자기도 모르게 눈치를 보게 되고 자존감이 현저히 낮아집니다.

그리고 자녀를 함부로 대하면 안 됩니다. 우리 자녀들이 어떤 존재죠? 내가 낳은 아이니까 함부로 대해도 괜찮은 그런 존재일까요? 아닙니다. 비록 낳은 건 나지만, 엄연히 나와 다른 이 세상 유일무이한, 소중한 인격체입니다. 그런데 요즘 자녀가 나와 다른 소중한 인격체라는 사실을 모르거나 잊고 사는 부모들이 많은 것

I.여전히 침묵하는 아이들

같습니다. 마치 자녀를 감정 쓰레기통 취급하듯 하는 부모들이 많습니다. 어린 자녀에게 자신의 부정적 감정을 쏟아붓는 부모들이 많기 때문입니다. 절대 그러시면 안 됩니다.

내가 키우는 강아지도 주인인 내가 예뻐해 주고 소중히 여겨야 남들도 함부로 대하지 않듯이 부모인 내가 내 아이를 하나의 인격체로서 소중히 대할 때 남들도 내 아이에게 하나의 인격체로 소중히 대합니다. 내가 막말을 쏟아내며 함부로 대할 때마다 자녀는 자존감이 바닥으로, 지하로 떨어진다는 사실을 알아야 합니다.
또 '엄마 친구 아들(엄친아)은~', '엄마 친구 딸(엄친딸)은~' 하고 비교하면서 자녀를 나무라거나 비하하는 분들이 많은데, 이래도 안 됩니다. 다 자녀를 화나게 하고 자존감을 바닥으로 떨어뜨리는 행위들이기 때문입니다. '가족이 가장 큰 가해자이다.'라는 말이 있는데, 이런 말이 괜히 생겨난 것 아닙니다.

사도세자 아시죠? 영조의 아들이자 정조의 아버지인 사도세자가 조선 최악의 연쇄 살인을 저질렀다는 사실을 아시나요? 살해한 환관이나 시중든 사람이 무려 100명이 넘는답니다. 하루에 6명을 죽이기도 했고, 칼로 목을 벤 다음 머리를 들고 궁궐 여기저기를 뛰어다니기도 했답니다. 순간 분을 참지 못하고 우물에 뛰어드는 등 극단적 선택도 여러 번 했답니다. 옷을 한 번 갈아입는데 20벌 내지 30벌이 소요될 정도로 옷을 갈아입는 것을 힘들어하는 의대증과 멀쩡하다가도 순간적으로 제어하기 힘든 화가 치밀어 오르는 울화증 때문에 그랬다는데요, 그러한 정신병이 생긴 원인이 다른 게 아니라 아버지 영조 때문이랍니다.

영조는 돌도 지나지 않은 사도세자를 저승전(동궁전)에 보내 궁녀들로 하여금 돌보게 해서 친모(영빈 이 씨)와 떨어뜨려 놓았고, 자주 찾아가 보지도 않았답니다. 사도세자가 4살 때부터야 어쩌다 찾아갔음에도 칭찬은 거의 하지 않고 구박하고 혼내기가 일쑤였고, 10살 때부터는 엄한 질책을 해댔답니다. 그 이유가 영조는 학문과 예를 중시하는 성격이었는데 사도세자는 무예와 잡학에 관심을 가지고 있었기 때문이랍니다. 또한 영조는 사도세자에게 15살 때부터 대리청정을 시켰는데 신하들 앞에서 화를 내고 꾸중하며 망신을 주는 일이 잦았답니다. 사도세자가 '이 사안을 어떻게 결정하면 좋을까요?'라고 물으면 '아직도 그거 하나를 스스로 결정하지 못하고 묻느냐!'며 꾸짖어 놓고, 사도세자가 대신들의 의견을 청취하여 스스로 결정해서 보고하면 '왜 나한테 묻지도 않고 네 맘대로 결정했느냐!'며 엄하게 야단을 쳤답니다. 그것도 신하들 앞에서요. 아마 보통 사람 같으면 '나보고 어쩌라고!', '나 안 해!' 하고 자리를 박차고 나갔을 것 같습니다.

뇌와 정신 발달이 가장 활발한 시기인 아동청소년기에 아버지로부터 이러한 정서적 학대를 심하게, 그것도 20여 년을 지속적으

I.여전히 침묵하는 아이들

로 당했는데 사도세자의 정신이 온전할 리가 없겠지요! 그래서 사도세자는 의대증과 울화증 등 정신병이 심해져서 자기를 시중드는 환관과 시녀들을 폭행하고, 겁탈하고, 살해하고, 극단적 선택까지 수차례 시도한 것입니다. 요즘 아이들도 부모가 일방적으로 무시하고 야단만 치면 반항을 하며 대들거나 일부러 삐딱선을 타는 경우가 많은데 사도세자도 그랬던 것 같습니다.

어느 날 사도세자가 내관 등 6명을 죽였다는 소식을 들은 영조가 사도세자를 불러 "왜 그랬느냐?"고 묻자(물론 화나고 엄한 표정이었겠죠) 사도세자가 '마음이 상해서 그랬습니다.'라고 답했고, 다시 '마음이 왜 상했느냐?'고 묻자 '사랑치 않으시니 서럽고, 꾸중만 하시기에 무섭고 화가 나서 그랬습니다."라고 답했답니다. 한마디로 '내가 아버지 때문에 미쳐서 그랬습니다.'라고 대놓고 말한 것입니다. 마음이 짠해지지 않나요? 이렇게 사도세자는 없는 것 없는, 일국의 세자로 태어났지만 아버지로 인해 자존감이 바닥, 아니 지하 10층까지 떨어져 있었고 이 떨어진 자존감을 애먼 환관이나 시녀들에게 분풀이함으로써 되찾으려 했던 것으로 보입니다. 부모에 의해 자존감이 바닥으로 곤두박질쳐진 아이들이 보이는 모습과 비슷하기 때문입니다.

아동청소년들은 부모 등으로 인해 자존감이 낮아지면 두 가지 형태로 표출되는데요, 그중 하나는 센 척, 잘난 척 포장을 하는 것입니다. 약하고 만만해 보이는 아이들을 때리거나 괴롭혀서 화를 품과 동시에 자신의 열등감을 감춥니다. 학교 폭력 가해자가 될 가능성이 높다는 말입니다. 다른 하나는 말이 없어지고 소심해지고 주눅이 들어서 남의 눈치 보느라 자기의 감정을 잘 표현하지 못한다는 것입니다. 이러한 아이들은 누군가에 의해 괴롭힘을 당할 가능성이 매우 높습니다. 학교 폭력의 피해 학생이 될 공산이 크다는 말입니다. 실제로 학교 폭력 가·피해 학생들을 살펴보면 자존감이 낮고 열등감이 높은 경우가 많은데 그 원인이 가정환경이나 부모에 의해 비롯된 경우가 많습니다. 요즘에는 너무 높은 자존감과 우월감에서 비롯되는 정서적·심리적 폭력이 자주 발생하는데, 이는 공부만 잘하면 모두가 용서된다는 식의 부모의 그릇된 신호와 지나친 극성 내지 역성에서 비롯되는 경우가 대부분입니다.

▶ 몰랐네요. 영조가 사도세자를 뒤주에 가둬 죽게 한 이유가 당쟁 때문이었다는 이야기만 들었지, 사도세자가 어려서부터 아버지 영조에게 마음의 상처를 심하게 입었고, 그 상처로 인해 그렇게 많은 사람들을 죽였다는 이야기는 오늘 처음 들었습니다. 어쨌든 가정환경이 나빠도 문제가 될 수 있지만 그렇다고 가정환경이 좋다고 해서 문제가 없는 것도 아니고… 저도 애 엄마이지만 부모에 의해 생각 없이 벌어지는 폭력이 엄청 많을 수 있겠다는 게 피부로 느껴지네요. 그리고 학교 폭력 예방 대책과 관련해서 가장 기본이고 중요한 것이 아이들의 보호자인 '학부모 교육이다!'라는 생각도 듭니다.

학부모 교육이 가장 먼저이고 중요하다

■ 영희 어머니, 우리 아이들이 남을 때리거나 괴롭혀서 피해를 주었을 때, 법적 처벌을 받고, 또 그 처벌 내용이 공문서에 기재되는 최초의 나이가 언제인지 아세요?

▸ 글쎄요? 촉법 소년이 만 10세부터니까 만 10세? 아니면 형사 처벌을 받게 되는 나이가 만 14세부터니까 만 14세? 만 10세나 14세가 아닌가요?

■ 혹시나 했는데 역시나 영희 어머니도 모르고 계시는군요. 모르고 계시는 게 당연합니다. 선생님들도 그렇고 검사, 판사, 변호사들도 국민들 거의 모두가 모릅니다. 아마 교육감도 교육부장관도 법무부장관도 대통령님도 모를 겁니다. 왜? 그동안 이런 생각을 한 사람이 없기 때문입니다. 그래서 영희 어머니처럼 촉법 소년의 나이나 형사상 미성년자의 나이를 생각하고 '만 10살이나 14살?' 이라고 답합니다. 우리 아이들이 자신의 행위에 대해 법적 책임을 지고 처벌을 받는 최초의 나이는 만 6세입니다.

▸ 만 나이로 6살이요? 말도 안 돼요. 그 나이면… 초등학교에 입학하는 나이인데, 초등학교 1학년생이 무슨 법적 처벌을 받고 그 처벌 내용이 공문서에 기재된다는 말씀이세요?

■ 하하, 맞습니다. 자 잘 들어보세요. 초중등교육법상 우리나라 아이들이 초등학교에 입학하는 나이가 만으로 6살입니다.

 그런데 학교폭력예방법은 아이가 초등학교에 입학하는 3월 2일부터 적용됩니다. 갓 입학한 1학년이라고 해서 예외 대상이 아닙니다. 한 아이가 초등학교에 입학한 날인 3월 2일에 다른 친구를 때리거나 밀치거나 물어서 심한 상처를 입히면(요즘 많이 일어나고 있음. 폭력은 어린이집에서도 유치원에도 일어나고 있음) 학교폭력전담기구(이하 '전담기구'라 합니다)에서 확인 조사를 받은 다음 학폭위에 출석해서 심의를 받아야 하고, 학폭위로부터 서면 사과부터 강제 전학 등의 징계 처분을 받습니다. 물론 그 처분 내용이 공문서인 학교생활기록부에 기재되고요.
 뉴스에도 나왔지만, 아파트 놀이터에서 초등학교 2학년 남학생이 같은 또래 남학생의 등에 뜨거운 물을 부어 화상을 심하게 입혀서 강제 전학을 간 경우가 있었고, 초등학교에 갓 입학한 만 6세인 남자아이가 짝꿍이자 같은 아파트에 사는 친구를 5월부터 9월까지 무려 5개월이나 학교 안과 밖에서 그리고 스마트폰을 통해 온갖 욕을 하고, 패드립을 날리고, 뺨도 때리고 다른 아이들에게 피해 아이와 놀지 말라며 왕따까지 주동해서 전담기구에서 확인 조사를 받은 다음 학폭위에 회부돼서 징계 처분을 받은 사실도 있습니다. 물론 그 징계 처분이 학교생활기록부에 고스란히 기재되었고요.

Ⅰ.여전히 침묵하는 아이들

▸ 어머, 듣고 보니 정말 그렇네요. 진짜 몰랐어요.

■ 그래서 학부모에 대한 학교 폭력 예방 교육은 늦어도 아이가 초등학교에 입학하기 전인 유치원 졸업반의 예비 학부모들부터 해야 합니다. 이렇듯 학교 폭력 예방 대책 중 가장 먼저이고 중요한 것이 '학부모 교육'입니다. 제대로 된 학부모 교육을 실시하지 않으면 아무리 좋은 제도와 정책을 만들어서 아이들에게 실시한다고 한들 별 효과가 없을 것입니다(최근 초등학교 1, 2학년생들에게까지 학교폭력예방법을 적용하는 것은 불합리하다며 초등학교 3, 4학년부터 적용해야 한다고 주장하는 분들이 있는데, 이는 학교 폭력 예방 학부모 교육이 학부모에 대한 생명 존중 교육이고 인성 교육이라는 사실을 모르고, 그럴듯한 논리만으로 학부모들의 불만을 잠재우려는 포퓰리즘적 발상입니다. 여러 말 할 것 없이 폭력 예방 교육은 아이들이 어릴 때인 가정에서부터, 부모의 모범적 언행을 통해, 이루어져야 한다는 점을 생각하면 곧바로 이해될 것입니다)

 제가 유치원 교사들에게 이런 이야기를 하면 100% 공감한다면서 제발 빨리 그래야 한다고 말합니다. 유치원에 다니는 아이들 사이에서도 밀치고 때리고 욕하고 물고 추행하는 등 온갖 사건 사고가 끊이지 않고 일어나는데, '문제아 뒤에는 문제 부모가 있다.'는 말을 입증이라도 하듯이, 아이들이 보는 앞에서 교사와 원장에게 막말을 쏟아부으며 함부로 하는 분들이 20여 명 중에 최소 대여섯 명쯤은 꼭 있답니다.

 삼산 한눈판 사이에 아이들끼리 장난치다 일어난 일임에도 '도대체 아이들 캐어를 어떻게 하는 것이냐!'며 **아이들이 보는 앞에서 교사를 나무라고** 원장에게 치료비를 내놓으라고 야단치는 부모가 있는가 하면, 대놓고 자신의 최종 학력이나 재력을 내세우며 교사를 비하하는 저급한 인격의 소유자들도 있답니다. 그런 부모가 몇 달 뒤에 초등학교의 학부모가 될 텐데, 초등학교 교사를 어떻게 생각할지 안 봐도 뻔하답니다. 아마 자녀가 유치원에 다니는 예비 학부모 때부터 학교 폭력에 대해 제대로 알려주면 학교 폭력과 교권 붕괴가 확 줄어들 것이라고 말합니다.

▶ 맞아요. 유치원 예비 학부모들에게 학교 폭력에 대해 잘 알려주고 이해시켜 주고, 예비 학부모가 부모가 자녀에게 알려줘서 학교에 보내면, 지금 일어나고 있는 학교 폭력과 해결 과정에서 발생하는 교사에 대한 학부모의 비난과 항의, 악성 민원 등이 확 줄어들겠습니다. 솔직히 몰라서 그런 말도 안 되는 일을 벌이는 분들이 많거든요. 제 여동생의 아들이 지금 유치원 졸업반인데 강사님의 말씀을 잘 전해야 하겠습니다.

I.여전히 침묵하는 아이들

Ⅱ. 아이들이 말을 하지 않아도 알 수 있다

아이가 SOS를 보내는데 부모가 왜 모를까?

■ 영희 어머니, 학교 폭력으로 자녀를 잃은 부모님들이 가장 후회하고 미안해하는 것이 뭔지 아세요?

아이가 죽기 얼마 전부터 평소와 달리 좀 이상했는데 '사춘기', '중2병', '꾀병'이라는 생각만 하고 잔소리만 해댔지, 학교 폭력은 생각도 못했다는 것입니다. '그때 학교 폭력 때문에 저럴지도 모른다는 생각을 한 번이라도 했다면 아이가 죽지는 않았을 것이다.'라며, 자살할 생각을 했다는 것은 눈을 뜨고 감을 때까지 하루하루가 지옥같이 힘들었다는 말인데, 부모가 돼 가지고 아무것도 못 느끼고 몰랐다는 것이 너무 미안하고 죄스럽답니다.

이제 아이가 말을 하지 않는데 어떻게 아느냐며 죽은 아이 탓만 할 게 아니라, 아이의 평소와 다른 표정이나 이상 행동에서 '혹시 학교 폭력?'하고 학교 폭력을 당해서 저럴지도 모른다는 생각을 먼저 떠올려야 합니다. 아이가 부모인 내게 보내는 마지막 SOS일지도 모르기 때문입니다.

▸ 그런데 아이가 말을 하지 않는데 어떻게 알 수가 있죠?

■ 영희 어머니, 사람이 속으로 힘들고 괴로우면 그것이 겉으로

I. 여전히 침묵하는 아이들

나타나겠어요?, 안 나타겠어요? 짝사랑하고 있다는 것을 아무리 숨기려 해도 은연중에 나타나듯이 심적으로 힘들고 괴로울 때도 마찬가지입니다. 아무리 숨기려 해도 은연중에 또는 자기도 모르게 안색이나 말과 행동으로 나타내게 되어 있습니다. 어른들도 고민이 있거나 마음고생이 심하면 얼굴색이나 눈빛, 행동이 평소와 달라지잖아요? 안색이 어둡다든지, 자꾸 한숨을 내쉰다든지, 입맛이 없다며 밥을 잘 안 먹는다든지, 안절부절못하거나 엉뚱한 소리를 한다든지 등등. 아이들은 더하지 않겠어요?

그런데 우리 부모들이 왜 못 느끼고, 모르느냐? 그것은 아이들이 은연중에 또는 자기도 모르게 나타내는 기색이나 말과 행동을 학교 폭력과 연관 지어서 생각을 못 하기 때문입니다.

아이가 어느 날인가부터 평소와 다르게 얼굴이 어둡거나 평소에 하지 않던 말과 행동, 그러니까 배가 아프다, 머리가 아프다며 학교나 학원을 가지 않으려 한다든가, 수학여행이나 체험학습 등을 가지 않으려고 한다든가, 갑자기 전학 가고 싶다라는 말을 한다든가, 갑자기 핸드폰 요금이 많이 나오거나 용돈을 많이 쓴다든가, 어디 조금만 다쳐도 호들갑을 떨던 아이가 자꾸 멍이 들어오거나 다쳐서 오는데도 말을 하지 않고 몰래 약을 바른다든가⋯, 이러면 '혹시 학교 폭력?'이라는 단어와 함께 아이가 학교 폭력 때문에 저럴지도 모른다는 생각을 떠올려야 합니다.

그리고 아이가 평소 좋아하던 반찬을 해줘도 잘 먹지 않는다든가, 핸드폰을 손에서 놓지 않고 뭔가 불안해하면서 계속 문자에 답한다든가, 책상에 앉아 있기는 한데 자꾸 멍때리는 것 같고 성적이 자꾸 떨어진다든가, 새로 사준 옷이 보이지 않아서 '어제 사준 옷 어디 있어?' 하고 물었는데 '친구가 입고 싶대서 빌려줬어.'라고 답하고는 며칠이 지나도 가져올 생각을 안 한다든가, 궁금해서 핸드폰을 한 번 들여다볼라치면 '왜 남의 핸드폰을 만져!' 하고 민감하게 반응하는 등 사소한 일에도 자꾸 짜증을 낸다든가…. 이러는 경우에도 '혹시 학교 폭력?'이라는 단어와 함께 아이가 지금 학교 폭력 때문에 저럴지 모른다는 생각을 떠올려야 합니다. 바로 이러한 행동들이 학교 폭력을 당하면서도 말을 하지 않는 아이들이 보이는 행동들이기 때문입니다.

그런데 아이들이 갑자기 이런 행동을 보이면 우리 어른들이 어떻게 하죠? '꾀병 그만 부리고 빨리 학교나 가라!'며 혼을 내서 학교에 보내거나 '사춘기가 와서 저러나?', '중2병에 걸렸나?'라는 생각만 하고 잔소리를 해대거나, 거짓말로 둘러댔는데도 '사실이겠지, 설마 나한테 거짓말하겠어?' 하고 그냥 넘어가 버립니다. 학교 폭력 때문에 그럴지도 모른다는 생각 자체를 안 합니다. 그래서 우리 어른들이 못 느끼고 모르는 것입니다(다음의 피해 학생이 보이는 이상 행동을 '내가 지금 학교 폭력을 심하게 당하고 있다는 사람이다.'라는 생각을 가지고 천천히 읽어 보세요).

Ⅰ.여전히 침묵하는 아이들

학교 폭력 피해 학생이 보이는 이상 행동(1)

==

▶ 갑자기 학교나 학원에 가기를 꺼린다.

▶ 전학 가고 싶다는 말을 직·간접적으로 되풀이한다.

▶ 평소 좋아하던 음식을 잘 먹지 않거나 적게 먹는다.

▶ 밥을 먹자고 하면 배부르다며 자기 방으로 들어가 나오지 않다가 나중에 혼자서 먹거나 라면을 끓여 먹는다.

▶ 갑자기 성적이 떨어진다.

▶ 옷이 자주 더럽혀져 있거나 찢겨 있는 경우가 많다

▶ 친한 친구가 왕따를 당하는데 어떻게 하면 좋겠느냐고 묻는다.

▶ 말수가 줄어들고 멍 때리는 경우가 잦다.

▶ 작은 일에도 깜짝깜짝 놀라며 초조한 모습을 보인다.

▶ 갑자기 급식을 먹지 않으려고 한다.

▶ 잘 놀아주던 동생에게 욕설을 하거나 폭력적으로 대한다.

▶ 멍 자국이 있어서 왜 그랬냐고 물으면 친구와 장난치다 넘어졌다, 운동하다가 다쳤다는 등의 말만 하고 대수롭지 않은 듯 행동한다.

▶ 학교생활이나 친구 관계를 물으면 대화를 회피한다.

▶ 평소 가던 길로 안 가고 자꾸 돌아서 가려고 한다.

▶ 뻔한 거짓말을 하는 경우가 잦다.

▶ SNS 프로필 사진을 자주 바꾸거나 배경이나 표정이 어둡다.

학교 폭력 피해 학생이 보이는 이상 행동(2)

▶ 평소보다 용돈을 많이 쓰거나 빨리 쓴다.
  몰래 지갑에서 돈을 가져가도 한다.

▶ 학용품이나 물건을 자주 잃어버리고 사 달라 한다.

▶ 새로 사준 옷을 친구가 입고 싶다고 해서 빌려줬다고 한다.

▶ 일기나 노트 등에 죽고 싶다거나 폭력적인 낙서가 있다.

▶ 요즘 왜 그러냐며 잔소리라도 하면 '엄만 아무것도 모르면서'
  라며 큰소리로 화를 낸다.

▶ 뭔가 말을 하려고 하다가 그만두기를 자주 한다.

▶ 밖에 나가려 하지 않고 집에만 있으려고 한다.

▶ 무슨 고민이라도 있냐고 물으면 없다며 짧게 말하고 만다.

▶ 컴퓨터나 스마트폰을 사용하는 시간이 많아진다.

▶ 자녀가 갑자기 SNS를 탈퇴하거나 아이디를 없앤다.

▶ 스마트폰에 자살 등의 부정적 단어를 검색한 흔적이 있다.

▶ 스마트폰 요금이 부쩍 늘었다.

▶ 스마트폰 메시지 알림에 민감하게 반응한다.

▶ 스마트폰 메시지를 확인한 후 불안한 표정을 짓는다.

▶ 스마트폰을 손에서 놓지를 않는다.

▶ 스마트폰을 만지려고 하면 왜 남의 것을 만지려고 하느냐는
  등 아주 민감하게 반응한다.

Ⅰ.여전히 침묵하는 아이들

▶ 어머 우리 영희도 '배가 아프다, 머리가 아프다.'며 학교 가기 싫다고 하는데, 그럼 우리 영희도 학교 폭력을 당해서 그럴지도 모른다는 거예요? 어떡해요?

■ 영희 어머니, 진정하세요. 영희가 학교에서 돌아올 시간이 얼마나 남았죠?

▶ 한 서너 시간 정도 남았어요.

■ 시간 충분하네요. 그럼 지금부터 학교 폭력에 대해서 이야기해볼게요. 듣다가 문득 떠오르는 것이 있거나 궁금하신 게 있으면 바로바로 물어봐도 됩니다. 저와 이야기를 나누다 보면 자연스럽게 학교 폭력 인지 감수성이 무엇이고, 왜 학부모님들이 학교 폭력 인지 감수성을 지녀야 하는지, 어떻게 하면 학교 폭력 인지 감수성을 지닐 수 있고 또 키울 수 있는지, 학교 폭력에 대한 올바른 시각이 무엇인지 등등에 대해 이해하게 되실 겁니다.

 아마 이야기가 끝날 때쯤이면 영희 어머니도 학교 폭력 인지 감수성을 상당히 지니고 있을 겁니다. 물론 영희와 같이, 자녀가 학교 폭력 피해를 당하고 있을지도 모른다는 생각을 떠올렸을 때 어떻게 해야 하는지에 대해서도 알게 되고, 나도 잘 해결할 수 있다는 자신감도 가지게 되실 겁니다.

그러니까 영희의 일은 걱정하지 마시고 제 이야기에 귀를 기울여 주세요. 제가 하는 일이 학부모들에게 학교 폭력 인지 감수성을 지니게 하고 또 키워 줘서 자녀와 가정을 안전하게 지킬 수 있도록 해주는 것이잖아요?

▸ 아, 그래요? 감사합니다. 빨리 이야기해 주세요.

■ 네, 아까 하던 이야기부터 마저 할게요. 방금 제가 학교 폭력 피해 학생들이 보이는 이상 징후 몇 가지를 말하자, 영희 어머니가 저한테 '그럼 우리 영희도 학교 폭력을 당해서 그럴지도 모른다는 거예요?' 하고 물으셨죠? 바로 그것입니다. 평소에 학교 폭력 피해 학생들이 보이는 이상 징후들을 알고 있다가 어느 날부터 아이가 보이는 기색이나 말과 행동에서 '혹시 학교 폭력?'이라는 단어를 떠올리고 아이를 유심히 살펴봄으로써 알 수 있습니다.

  단어가 생각을 지배하고 생각이 행동을 지배합니다. 즉 단어가 행동을 지배한다는 말입니다. 새로 이사 온 사람에 대해 누가 '그 사람, 사기죄로 교도소에 갔다 왔대.'라는 말을 들으면 머릿속에 사기꾼이라는 이미지가 형성되고, 엘리베이터에서 마주치기라도 하면 엮이지 않으려고 조심하잖아요. 특히 그 사람이 돈을 빌려달라고 하면 빌려주시겠어요? 안 빌려주겠지요. 그래서 단어가 행동을 지배한다는 겁니다.

I.여전히 침묵하는 아이들

그와 같이 아이의 평소와 다른 행동을 보고 '사춘기', '중2병', '꾀병', '버릇없다'라는 단어를 떠올리면 아이에게 잔소리를 하거나 야단치고 나무라기만 하게 되고, '혹시 학교 폭력?'이라는 단어를 떠올리면, 야단이나 잔소리 대신 그에 알맞은 대응을 현명하게 하게 될 것입니다.

피해 학생의 부모가 가져야 하는 마음가짐과 대처 요령

▶ 그럼, 내 아이가 학교 폭력을 당하는 사실을 알았을 때는 어떻게 해야 될까요?

■ 그런 질문을 하시는 것을 보니 영희 어머니가 아직도 많이 불안하신가 보네요? 뒤에서 이야기하려 했는데 먼저 이야기를 해야겠습니다.

○ 자녀가 학교 폭력을 당했을 때 가장 먼저 해야 할 것은 '지금 가장 힘들고 분하고 억울한 사람은 내가 아니고 소중한 내 아이다. 내가 아니다.'라는 생각을 떠올리고 흥분하지 않는 일입니다.

친형이나 누나, 언니한테 맞거나 욕을 먹어도 분하고 억울한데, 친구들한테 맞거나 따돌림을 당하면 얼마나 분하고 억울하겠어요? 그래서 '지금 가장 힘들고 분하고 억울한 사람은 내 아이다.

내가 아니다.'라는 생각을 떠올리라는 것입니다. 이때 중요한 것은, 절대 흥분하면 안 된다는 것입니다. 흥분하면 자기도 모르게 아이에게 '왜 병신같이 당하고 살았냐', '네가 먼저 잘못한 거 아니냐? 가만히 있는데 괜히 그러진 않았을 거 아냐?', '다른 애들은 별일 없이 잘만 다니는데 넌 왜 자꾸 이런 일이 생겨!'라는 식의 말을 하게 되는데, 아무리 속이 상하고 화가 나도 절대 이런 말을 하면 안 됩니다. 정말 어렵게 말을 꺼낸 아이에게 큰 상처를 줘서(2차 피해) 순간 입을 닫게 만들거나 나중에 아무리 힘든 일이 생겨도 말을 하지 않게 하는 위험한 말들이기 때문입니다.

 그리고 누구나 자녀가 또래 친구들한테 지속적으로 괴롭힘을 당했거나 심하게 맞고 들어왔을 때 피가 거꾸로 솟을 정도로 화가 날 것입니다. 그렇다고 직접 응징하면 안 됩니다. 신분이 순식간에 바뀌어 사안이 아주 복잡해지기 때문입니다. 피해 학생의 보호자 신분에서 학교 폭력의 가해자 신분으로 바뀌어서, 자녀가 피해를 본 억울한 일은 온데간데없어지고 합의를 보기 위해 가해 학생들과 보호자를 찾아가 무릎 꿇고 빌어야 하는 사태가 일어날 수 있습니다.

 실제로 피해 학생의 아빠가 가해 학생들을 밤늦게 놀이터로 불러내 엎드려뻗쳐와 머리 박기를 시키고, 뺨을 수십 때씩 때려 구속이 된 경우가 있고, 야구방망이를 들고 쫓아가 두들겨 패서 구속이 된 경우도 있습니다. 이런 일이 일어나면 절대 안 되겠지요?

Ⅰ.여전히 침묵하는 아이들

그러니까 화가 난다고 해서 직접 응징한다는 생각은 접으시고 좀 더딜지라도 법을 통해 응징한다는 생각을 평소에 가지고 있으셔야 합니다.

○ 심리적으로 안정을 시켜주고, 아이의 감정에 공감하고 위로를 해준 다음, 안전하게 지켜줄 것이라는 믿음을 줘야 합니다.

 학교에 안 보내고 푹 쉬게 해도 좋아요. 내 아이가 지금 학교 폭력을 당해 힘들어하는데, 그깟 학교 가는 게 대수겠어요? '우리 딸 정말 힘들었겠다. 엄마 아빠는 바보같이 우리 딸이 그렇게 힘든데 아무것도 모르고 있었네, 미안해. 어떻게 하면 좋겠어? 엄마 아빠는 지금부터 우리 딸이 원하는 것을 가장 중요하게 생각할 거야! 그리고 널 안전하게 지켜줄 거야. 아무 걱정하지 마.'라는 식으로 위로하고, 엄마와 아빠가 안전하게 지켜줄 것이라는 믿음을 줘야 합니다. 그래야 아이가 말을 합니다. 그렇게 자녀에게 위로와 공감, 믿음을 줘서 아이 스스로가 자신이 당한 괴롭힘을 담담하게 말할 수 있도록 해야 합니다.

○ 아이와 함께 피해 내용을 정리합니다.

 누가, 언제, 어디서, 어떻게 괴롭혔다는 식으로 육하원칙에 맞게 최대한 구체적으로 정리해야 합니다. 누가 목격했는지, 괴롭힘을 당할 때 어떤 느낌이나 생각이었는지 등까지 구체적이고 상세하게 기재하면 더 좋습니다.

녹음 파일(녹취록), 사진(멍·상처 부위), CCTV, 카톡이나 모바일 메신저(화면 캡쳐), 확인서(목격자), 의사의 진단서나 소견서, 심리상담 내용, 일기장 등의 피해 내용을 입증해 줄 수 있는 증거도 수집해야 합니다. 기초 피해 내용이나 증거는 피해 학생과 보호자가 정리하고 수집해야 합니다. 영화나 드라마처럼 변호사나 경찰이나 학교 선생님이 해주는 게 아닙니다. '피해를 본 피해 학생이나 보호자인 학부모가 다 준비해야 하는 거냐?'라고 불만을 토로할 수 있겠지만 그래야 합니다. 누구누구가, 언제, 어디에서, 어떻게 나를 괴롭혔는지, 당시 누가 목격하고 있었는지, 당시 심정이 어떠했는지… 는 피해 학생 본인만 알 수 있는 것들이잖아요. 증거가 없거나 부족하면 가해 학생들이 부인할 걸 예상하고 소형 녹음기를 호주머니나 가방에 넣어둬서라도 증거를 수집해야 합니다.

그렇게 피해 내용을 정리하고 증거를 수집한 이후에 조심해야 할 것이 있는데요, 그것은 가해 학생을 만나서 겁을 주거나 혼을 내서는 절대 안 된다는 것입니다. '이런 일로 학교에 학교 폭력으로 신고하는 건 좀 그렇지 않나? 그냥 만나서 다시는 그런 일이 없도록 겁만 줘서 잘 지내도록 하자.'는 좋은 뜻에서라도 그러지 마세요. 뒤에서 사례를 들어 자세히 이야기하겠지만, 그렇게 했다가 가해 학생의 부모로부터 아동학대로 경찰에 신고를 당하고 학교에 학교 폭력 가해자로 신고되어 곤욕을 치르는 경우가 실제 일어나고 있기 때문입니다(이게 다 학교 폭력에 대한 인지 감수성

Ⅰ.여전히 침묵하는 아이들

이 없거나 아주 나쁜 감수성을 지니고 있어서 그렇습니다).

○ 신고하세요.

아이와 함께 피해 내용을 정리하고 증거를 수집했다 싶으면 신고를 하세요. 가급적 학교에 학교 폭력으로 먼저 하는 게 좋습니다. 감정에 치우친 나머지 변호사를 선임해서 형사 고소도 하고 민사 소송도 하는 분들이 있는데, 이러한 행위는 학교 폭력의 특성을 감안할 때 그다지 현명한 행위가 아닙니다. 왜냐하면 신고를 하는 가장 중요한 목적은 내 아이가 앞으로 가해 학생들이나 다른 아이들로부터 괴롭힘을 당하지 않고 즐겁게 학교생활을 하는 데에 있지 가해 학생들을 엄히 처벌하는 것 그 자체에 있지 않기 때문입니다.

자녀가 학교 폭력 피해를 당하면 세 가지의 법적 권리, 즉 가해 학생 및 그 보호자를 상대로 세 가지의 법적 카드(학교에 학교 폭력으로 신고하는 것, 경찰에 형사 고소하는 것, 법원에 손해배상 등을 청구하는 것)를 갖게 되는데, 그러한 카드를 한꺼번에 그것도 초반에 다 써 버리면, 신고를 하는 가장 중요한 목적 달성이 어려워질 수 있습니다. 그러니까 학교 폭력이 지속적이거나 피해의 정도가 어느 정도 크다면 몰라도 학교에 학교 폭력 신고부터 하세요. 경찰에의 고소는 가해 학생과 그 보호자가 어떻게 나오는가를 보고 해도 늦지 않습니다. 지금은 이해가 잘 안되실지 모르지만 뒤에서 들려주는 사례를 들으면 확실히 이해가 되실 겁니다.

또한 많은 학부모님들이 이런저런 이유나 고민으로, 특히 장애가 있는 자녀가 일반 또래 친구들한테 학교 폭력을 당한 경우라든가 가해 학생이 일진과 같은 노는 아이들인 경우, '신고를 했다가 더 큰 보복만 당하는 것 아니야?' 하고 신고를 꺼리거나 홧김에 신고를 했다가도 지레 겁을 먹고 '취소하는 게 좋지 않겠느냐?'고 묻는 분들이 있는데, 그래서도 안 되고 그럴 필요도 없습니다.

먼저 왜 그러면 안 되느냐? 그렇게 하면 가해 학생들과 주위 친구들에게 '우리 아이는 때려도, 괴롭혀도 된다. 괜찮다.'는 아주 잘못된 신호를 줄 수 있기 때문입니다. 생각해 보세요. 장난이나 놀이를 빙자해서 괴롭히는 아이들이 어떤 아이를 골라 괴롭히죠? '만만한 아이'를 골라서 괴롭힙니다. '만만한 아이'가 어떤 아이인가요? 어떻게 무슨 짓을 해도, 즉 돈을 뺏고 때리고 욕하고 놀려도 아무 탈이 나지 않는 그런 아이가 '만만한 아이'입니다(만만하다고 괴롭혀도 된다는 말은 절대 아닙니다). 그런데, 엄마 아빠가 겁을 먹고 신고도 안 하거나 했던 신고를 취소한다? 가해 학생들이나 주위 친구들이 어떻게 생각할까요? '아, 쟤는 건드려도 아무 탈이 안 나는구나!' 하는 생각을 하지 않겠어요? 한마디로 '부모도 포기한 만만한 애'라는 낙인이 찍히는 겁니다. 그래서 신고를 해야 하는 것입니다. 용서를 하고 안 하고는 그다음의 일입니다.

Ⅰ.여전히 침묵하는 아이들

'그러면 학교 폭력 신고가 너무 많아지는 것 아니냐?'며 걱정하는 분들이 있을 수 있는데 이러한 생각이나 걱정 자체가 아주 잘못되고 모순된 것입니다. 왜냐? 학교 폭력 신고가 너무 많아지는 것이 걱정되면 아이들에게 학교 폭력을 당하면 신고하라는 교육 자체를 하지 말아야죠. 안 그래요?

학교 폭력 신고 그 자체는 많을수록 좋은 것이고, 많은 것이 극히 정상인 겁니다. 없다는 것이 비정상입니다. 생각해 보세요. 어린이집에서도 유치원에서도, 아이들 간에 온갖 폭력이 일어납니다. 성인이 구성원인 대학에서도 군대에서도 직장에서도 일어납니다. 그런데 정신적으로 신체 변화가 심하고 정서적으로 예민한 시기인 초중고 학생들 사이에 폭력이 없다? 말이 안 되지 않나요? 학교 폭력이 무엇인가에 대해 제대로 알고 나면 아시겠지만, 하루에도 수천수만 건씩 일어나는 게 학교 폭력입니다. 그런데 왜 신고 건수가 많지 않을까요? 아이들이 신고를 안 하고 말을 하지 않기 때문입니다. 학교 폭력이 없거나 적은 것이 아니라 아이들이 신고를 안 하거나 말을 안 해서 없거나 적은 것입니다.

성인들의 경우에도 자기가 하고 있는 행위가 폭력임을 모르고 계속 일삼는 사람이 많고, 반대로 자기가 당하고 있는 것이 폭력에 해당함에도 이를 모르고 계속 당하거나 안다고 해도 이런저런 이유로 신고조차 못하고 계속 당하는 사람이 많습니다.

아이들의 경우에는 더 그렇습니다. 극단적 선택이라는 비극을 초래한 사안의 경우, 가해 학생들이 '처음에도 그렇고 걔가 죽기 하루 전날에도 그냥 장난으로 그랬는데 죽을 줄 몰랐다.'고 진술하는 것이 단적인 예입니다. 말도 안 되는 소리라고 비난하겠지만, 가해 학생들은 '피해 학생에 대한 괴롭힘이 장난으로 시작됐고 그 장난에 대해 피해 학생이 예민하게 반응하지 않음에 따라 자기들도 모르게 시나브로 장난 수위가 높아졌을 뿐 일부러 죽으라고 그런 것이 아니다.'라고 진술하는데, 이게 거짓말이 아닌 경우가 많습니다.

그래서 아이들에게 '폭력에 예민해야 하고, 사소하다고 생각되더라도 힘들면 신고를 하라.' 하고, 그렇게 한 아이들에게 칭찬을 해주어야 합니다. 아무리 사소한 장난이나 놀이로 보여질지라도 반복적으로 일어나고 그로 인해 피해 학생이 힘들어하는 경우라면 더욱 그렇습니다. 수위가 높아지기 전에 하루라도 빨리 가해 학생에게 자신의 행위가 왜 폭력에 해당하는지를 이해시키고 바로잡아 줘야 하기 때문에 그렇습니다. 그래야 성인이 되어서도 직장 내 괴롭힘이나 데이트 폭력을 저지르는 사람이 안 됩니다.

그리고 가해 학생들이 노는 애들이라서 보복이 두려워 신고를 안 하거나 신고한 것마저 '취소해야 하는 것 아닌가?' 하는 걱정을 할 필요가 없는 이유는, 신고했다는 이유로 보복을 하는 아이

Ⅰ.여전히 침묵하는 아이들

들이 거의 없기 때문입니다. 많은 학부모들이 TV 등에서 여러 명이 한 명을 심하게 폭행하는 장면을 보고 보복을 당할까 걱정하는데, 그렇게 폭행을 한 이유를 들여다보면 피해 학생이 학교 폭력으로 신고를 했다는 이유가 아닙니다.

사실 '신고하면 죽여버리겠다.'고 협박하는 아이들일수록, 막상 신고를 하면 보복을 하지 못합니다. 왜 그런지 아세요? 그러한 아이들일수록 강자에 약하고 약자에 강한, '강약약강'의 눈치가 빠른, 하지만 귀찮은 것을 아주 싫어하는 애들이기 때문입니다.

신고를 당하면 부모님에게 연락이 가지, 학교 폭력으로 조사받아야지, 학폭위에 출석해서 심의받아야지, 부모님과 함께 특별 교육 등을 이수해야지, 피해 학생이 경찰에 신고하면 경찰서나 검찰에 가서 조사받아야지, 소년재판을 받게 되면 법원이나 보호관찰소에서 또 조사를 받아야지(판사가 소년분류심사원에 위탁 명령을 하면 구금된 상태에서 조사를 받아야 함), 소년 재판부로부터 특별 교육 수강 명령을 받으면 또 교육을 받아야 하지, 야간 외출 제한 명령을 받으면 밤 10시부터 새벽 6시까지 밖에 나가지 못하지(밤 10시, 새벽 2시, 새벽 6시에 보호관찰관이 직접 전화를 해서 집에 있는지 확인함. 보호관찰소에 목소리를 등록해서 본인 외에 다른 사람이 받으면 안 됨. 그래서 자다 일어나 받아야 함)… 놀지도 못하고 정말 귀찮아지거든요. 이러한 것들을 노는 형들이나 언니들과 같은 선배들로부터 들어서 알고 있습니다.

자기들은 촉법소년이라 교노소에 안 간다며 안하무인으로 행동하는 아이들, 보셨잖아요? 그러한 아이들이 법을 공부해서 그런 것을 아는 것이 아니라 선배들로부터 듣고 그렇게 말하는 것입니다. 그리고 뒤에서도 말하겠지만 그런 가해 학생들에게 신고를 했다는 이유로, 또는 자기한테 불리한 진술을 해줬다는 이유로 보복을 하게 되면 그때는 특정범죄가중처벌법으로 더 엄하게 처벌받는다는 사실을 단호하게 말해주면 기가 꺾이고 조심을 합니다. 그런 아이들, 두세 번만 신고해 보세요. 다시는 건들지 않습니다.

자녀가 피해를 당했을 때 신고하는 것은 법적 권리입니다. 법으로 부모나 교사가 아닌 다른 사람에게도 학교 폭력을 목격하거나 알게 되면 신고를 하도록 의무화했는데 피해 학생의 부모가 신고를 망설인다는 것은 말이 안 되죠.

※ 안전사고와 학교 폭력의 차이점

안전사고에 해당함에도 피해 학생의 부모님이 (더 많은 금전적 배상을 받을 요량 등의 이유로) 학교의 충분한 설명에도 불구하고 학교 폭력으로 신고해서 상대 학생의 부모와 감정싸움으로 비화되는 경우가 자주 발생하는데, 안전사고와 학교 폭력의 차이점은 피해 유발 행위에 고의성이 있었느냐 없었느냐입니다. 예를 들어,

장난을 치며 놀다가 갑자기 한 친구가 동작을 크게 하는 바람에 상대방이 자기도 모르게 팔에 힘이 들어가 막았는데 하필 팔에 금이 간 경우, 둘이 장난을 치며 놀다가 피해 학생이 발을 헛디뎌 계단으로 굴러 다친 경우, 운동장을 걷다가 축구공에 머리를 맞아 뇌진탕을 일으킨 경우 등은 안전사고에 해당합니다(물론 상대가 때리려는 것을 보고 일부러 세게 가격을 해서 팔에 금이 간 경우나 홧김에 밀쳐서 계단으로 구르게 한 경우, 축구공을 차서 피해 학생을 맞히려고 한 경우 등과 같이 고의성이 있는 경우에는 학교 폭력에 해당합니다). 이런 경우에는 학교 폭력으로 신고해도 학폭위에서 '조치 없음' 결정을 하게 되니, 안전사고로 신고해서 학교안전공제회로부터 소정의 치료비를 받으셔야 합니다.

○ **신고할 때, 학교장에게 피해 학생 '긴급 보호 조치'와 가해 학생에 대한 '긴급 선도ㆍ교육 조치' 등을 요청하세요.**

학교에 신고만 하면, (내 아이가 피해자니까) 학교가 내 아이 편에 서서 잘 처리해 줄까요? 아닙니다, 그렇게 생각하신다면 큰 착각입니다.

학교는 매뉴얼대로 확인 조사만 합니다. 매뉴얼대로 확인 조사한다는 말은 누구 편에도 서지 않고 중립적인 입장에서 신고 사안을 확인 조사한다는 말입니다. 그래서 가해 학생을 가해자라 표현을 안 하고 피해 학생을 피해자라 표현도 안 합니다. 그냥 관련 학생이라고 합니다(그렇다고 학교나 선생님들을 욕하지는 마십시오. 법과 규정이 그렇게 되어 있으니까 그렇습니다).

 학교 폭력 신고 후 가장 중요한 것은 피해 학생의 상처 치유와 신고 후에 일어나게 될지도 모르는 2차 가·피해를 방지하는 일입니다. 이를 위해 피해 학생의 학부모가 신고하면서 학교장에게 요청할 수 있는 것들이 있습니다(이것들을 제대로 알려주는 사람이 없으니까 잘 알아 두세요. 대부분의 학교나 강사들이 1차 예방에 대해서만 교육하지, 사안 처리 과정에서 일어나고 있는 2차 가·피해 예방에 대해서는 알려주지 않으니까 그렇습니다).

 ▶ 학교 폭력 신고 시 학교장 등에게 요청할 수 있는 것들 ◀

 ① '상처 치유'와 관련해서, 학교장에게 학교폭력예방법 제16조에 규정된 피해 학생의 보호 조치 중, 제1호와 제2호 및 제3호 및 제6호 조치를 요청하세요.

 학교장은 피해 학생이 긴급 보호를 요청하는 경우에는 '제1호, 제2호, 3호 및 제6호의 조치를 할 수 있다.'고 규정('긴급 보호 조치'라고 함)하고 있습니다. 제1호 조치는 '학내외 전문가에 의한 심리 상담 및 조언'이고 제2호 조치는 '일시 보호'이고, 제3호는 치료 및 치료를 위한 요양, 제6호 조치는 '그 밖에 피해 학생의 보호를 위하여 필요한 조치'입니다.

I.여전히 침묵하는 아이들

요청을 해야 하는 이유는, 신고하면 학교장이 알아서 위와 같은 조치를 해주는 것이 아니라 피해 학생이 요청하는 경우에만 위 조치를 할지 말지 고민하게 되고, 해줄지 말지가 학교장의 재량 사항이기 때문입니다. 학교장 입장에서는 피해 학생이 요청을 안 하면 고려조차 안 해도 된다는 말이기 때문이기도 합니다.

이게 또 왜 중요하냐면요? 심리 상담 등의 치료는 교육감이 지정한 기관에 가서 받아야 학교안전공제회에서 치료비를 받아 가며 치료를 계속할 수가 있는데, 이러한 규정을 모르고, 그냥 일반 병원이나 심리 상담소 등에 가서 심리 상담 치료 등을 받으면 그렇게 할 수가 없고 다 끝난 뒤에 가해 학생의 부모를 상대로 소송을 해서 치료비를 받아야 하기 때문입니다.

심리 치료가 장기간 계속될 때는 그 비용 부담이 엄청 클 텐데 그런 일이 발생하면 안 되잖아요. 그러니까 신고할 때 자녀가 가해 학생들이 두려워 학교에 가기를 두려워한다, 자다가도 맞는 꿈을 꾸는지 잠을 제대로 자지 못한다, 가해 학생을 길에서 마주칠까 봐 집 밖에 나가려 하지 않는다, 집에 있는데도 자꾸 불안해하고 자학을 한다는 등의 자녀 상태를 자세히 말해주고 위와 같은 조치를 긴급하게 해 달라고 요청해야 합니다(가급적이면 서면으로 하세요. 이 책 뒤쪽에 있는 양식 중 '보호자 확인서'를 보면, '현재 자녀의 상태'란과 '사안 해결을 위한 의견이나 바라는 점'란

이 있는데, 이곳에 '별지 기재와 같음'이라 기재하고 다른 A4 용지 등에 자녀의 상태와 바라는 점 등을 적어서 첨부하시면 됩니다). 말을 해주지 않으면 학교장도 학폭위도 알 수가 없잖아요.

② 2차 가·피해 방지를 위해, 학교장에게 가해 학생에 대한 조치 중 제⑥호(출석 정지) 또는 제⑦호(학급 교체) 조치를 요청하세요.

학교장은 '피해 학생 및 그 보호자가 요청할 경우 전담기구의 심의를 거쳐 가해 학생에 대하여 출석 정지 또는 학급 교체를 할 수 있다.'고 규정하고 있고(제17조 제⑥항), '출석 정지 기간은 심의위원회(학폭위)의 조치 결정 시까지로 정할 수 있다.'고 규정하고 있습니다(제17조 제⑦항).

학교장에게 가해 학생에 대한 출석 정지 또는 학급 교체 조치를 해달라고 요청할 때 피해 학생과 부모님들이 알아야 할 것이 있는데, 그것은 학교장에게 요청하면 학교장이 무조건 들어주어야 하거나 학교장 마음대로 출석 기간 등을 정하는 것이 아니라 전담기구의 심의를 거쳐야 한다는 것입니다.

그리고 또 바로 알고 있어야 할 것은 출석 정지 조치도 아무 사안이나 다 할 수 있는 것이 아니라, 사안이 시행령에 정해 놓은 다음의 경우에 해당되어야 할 수 있다는 것입니다. 분리 기간(7일

I.여전히 침묵하는 아이들

이내)이 끝나면 어떻게 할 것이냐며 가해 학생을 출석 정지해 달라고 요청하며 강짜를 부리거나 학교장 등 학교 측에 감정적으로 대해서 학부모와 학교 간의 분쟁으로 비화하는 경우가 있는데 학교장이 가해 학생 편을 들어 일부러 그러는 것이 아니라는 점을 바로 알려드리기 위해 이야기하는 것입니다.

【 학교장이 가해 학생에 대하여 '우선 출석 정지 조치'를 할 수 있는 경우 : ① 2명 이상의 학생이 고의적 · 지속적으로 폭력을 행사한 경우 ② 학교 폭력을 행사하여 전치 2주 이상의 상해를 입힌 경우 ③ 학교 폭력에 대한 신고, 진술, 자료 제공 등에 대한 보복을 목적으로 폭력을 행사한 경우 ④ 학교의 장이 피해 학생을 가해 학생으로부터 긴급하게 보호할 필요가 있다고 판단하는 경우 】

③ 신고하면 학교장이 가해 학생에게 2호(피해 학생 등에 대한 접촉, 협박, 보복 행위 금지) 조치를 의무적으로 하게 되는데, 그때, 가해 학생뿐 아니라 그 보호자에게도 '어떠한 행위를 하면 위반되는지 구체적이고 분명하게, 그리고 단호하게 고지해 달라.'고 요청하세요.

학교장은 학교 폭력을 인지한 경우 지체 없이 가해 학생에 대한 조치 중 제2호(피해 학생 및 신고 · 고발 학생에 대한 접촉, 협박 및 보복행위의 금지) 조치를 하여야 하고(제17조 ④항), 이러한 조치를 받은 가해 학생의 보호자는 가해 학생이 해당 조치를 적절히 이행할 수 있도록 노력하여야 할 의무가 있습니다(제17조 제⑪항). 학교폭력예방법에 이렇게 규정되어 있지만, 그래도 학교장에게 이렇게 요청해야 하는 이유는, 신고 후 피해 학생의 부모가 자녀(피해 학생)에 대한 2차 피해를 막기 위해 할 수 있는 일이 이것밖에 없기 때문이고, 이것이 2차 가·피해를 막는 가장 실효적인 방법이기 때문에 그렇습니다.

 생각해 보세요. 2차 피해를 막겠다며 부모가 매일 자녀와 함께 다닐 수도 없고, 학교도 2차 피해를 막아 주겠다며 하루 종일 피해 학생만 지켜보고 있을 수 없잖아요. 그래서 가해 학생 본인뿐 아니라 그 보호자에게 어떻게 하면 접촉 위반에 해당하고, 협박에 해당하고, 보복에 해당되는지 구체적이고 분명하게 알려줘야 하고, 또 이러한 행위를 하면 어떤 후폭풍이 발생하는지까지 (기소되거나 가정법원에 소년부 송치되었을 경우 일어나는 귀찮고 괴로운 일들까지) 단호하게 알려줘야 합니다. '학교에서 어련히 알아서 할까?'라는 생각만 하지 말고, 어디까지나 2차 가·피해를 방지하기 위함이니까, 다음과 같은 것들을 알아두셨다가 신고할 때 학교장에게 말하면 좋아하실 겁니다. 만에 하나라도 2차 가·피해가 일어나면 절대 안 되잖아요.

Ⅰ.여전히 침묵하는 아이들

【 접촉, 협박, 보복 금지 조치 위반에 해당하는 구체적 행위 및 위반 시 가해지는 불이익 】

▸ 휴대전화로 사과 문자를 보내거나 안부를 묻는 것도 접촉 금지 조치 위반에 해당한다.

▸ 피해 학생에게 겁을 줄 목적으로, 일부러 우연을 가장하여, 피해 학생 주변에 친구들과 함께 모습을 드러내는 것도 접촉이나 협박 금지 위반에 해당할 수 있다.

▸ 휴대전화나 친구 · 후배를 시켜 신고를 취소하거나 진술을 번복하지 않으면 가만두지 않겠다는 등의 문자를 보내게 하거나 말을 전해도 협박 금지 조치 위반에 해당하고, 주위 친구들에게 '그 자식 동네에서 만나면 가만두지 않겠다.'고 말하는 것도 협박 금지 조치 위반에 해당한다.

▸ 가해 학생의 친구들이 피해 학생이나 신고 · 고발한 학생을 신고했다는 이유로 때리거나 괴롭히는 행위도 보복 금지 조치 위반에 해당하고, 다른 친구들로 하여금 피해 학생 등을 왕따 하도록 하는 것도 보복 금지 조치 위반에 해당한다. 그러니 친구들에게 그러지 않도록 주의를 주라.

▸ 그러한 협박 · 보복 금지 조치를 어기게 되면 징계 수위가 더 높아질 뿐 아니라 특정범죄의가중처벌등에관한법률 위반으로 가중 처벌을 받게 된다.

▸ 가해 학생의 피해 학생에 대한 접촉, 협박, 보복 금지 조치 위

반으로 피해 학생의 신체적 · 정신적 피해가 더 악화되면 결국 보호자가 수천만 원에 이를 수도 있는 치료비, 위자료, 소송비용 등을 배상해줘야 하는 끔찍한 일이 발생할 수 있다.

※ 2차 가 · 피해 방지는 피해 학생의 부모, 학교, 가해 학생의 부모가 함께 노력해야 가능한 일이니 모두 숙지하고 있어야 합니다.

④ 기타 학교장 등에게 요청할 수 있는 것과 알아두면 불안감과 불필요한 오해를 없애는 것들

◉ 증거가 부족해서 목격 학생들의 진술 등이 필요한 경우나 가해 학생으로 인해 다른 아이들도 피해를 당하고 있을 염려가 있다고 판단하는 경우에는 학교(전담기구)에 학교 폭력 실태 조사를 해 달라고 요청하세요(제14조 제⑥항).

◉ 교육장 등에게 법률, 상담, 보호 등을 위한 서비스 및 지원 기관을 연계하는 조력인(피해 학생 지원 조력인) 지정을 요청할 수 있습니다(제16조의3. 2024. 3. 1.부터 시행).

◉ 가해 학생 등이 피해 학생을 폭행하는 장면을 촬영해서 SNS 등 정보통신망에 유포하는 경우와 성착취 동영상, 성적 욕망이나 수치심을 유발하는 불법 촬영물, 음란 합성물을 인터넷에 유포하는 경우가 있는데(사이버 폭력 해당 촬영물 유포 등), 이런 경우 피해

Ⅰ.여전히 침묵하는 아이들

학생은 국가에 삭제를 위한 지원을 요청할 수 있습니다(제16조의4. 2024. 3. 1.부터 시행). 삭제에 소요되는 비용은 국가가 먼저 지출하고 가해 학생 또는 그 보호자에게 상환 청구합니다.

◉ 가해 학생이 학폭위의 조치 결정에 불복해 행정심판이나 행정소송을 제기하면서 '집행 정지' 신청을 하게 되는데, 이 경우 행정심판위원회나 법원은 피해 학생 또는 그 보호자의 의견을 청취하여야 하고(가해 학생 측이 행정심판이나 행정소송을 제기한 사실과 집행 정지 신청 사실에 대해 교육청에서 통지해 주니까 피해 학생과 그 보호자는 신경 쓰지 말고 있다가 통지를 받으면 심리 기일에 출석해서 진술하면 됨), 만약 가해 학생이 신청한 집행 정지 신청이 인용이 되었다는 사실을 통보받으면(이 사실도 교육청에서 통지해 줌) 학교장에게 가해 학생과의 분리를 요청할 수 있습니다. 그러면 학교장은 전담기구 심의를 거쳐 가해 학생과 피해 학생을 분리하여야 합니다(제17조의4. 2024. 3. 1.부터 시행).

◉ 신속한 치료를 위하여 학교장 또는 피해 학생의 보호자는 학교안전공제회에 치료비를 청구할 수 있습니다(제16조 제⑥항 단서). 청구 가능 시기는 가해 학생에 대한 조치 결정이 확정된 이후입니다. 즉 가해 학생이 행정심판이나 행정소송을 제기했을 때는 심판이나 소송이 종료되고 확정이 된 이후에야 청구가 가능하다는 말입니다(법 규정이 신고하면 바로 청구할 수 있는 것처럼 되어 있어 분쟁이 발생하는 경우가 있어 알려드리는 바입니다).

◉ 사안을 학교장이 자체적으로 해결하고자 할 경우, 피해 학생 및 그 보호자에게, (서면으로) 학폭위 심의를 원하지 않는다는 확인서를 받게 되는데, 이때 그냥 하지 마시고 가해 학생 및 그 보호자에게 '진심 어린 서면 사과, 관계 회복 프로그램에의 적극적인 참여, 어떠한 형태의 보복행위 금지, 치료비 전액 배상…'등의 조건을 제시하세요. 학교장 자체 해결로 종결된 후 가해 학생이나 그 부모가 약속을 이행하지 않는 경우가 있기 때문이고, 그래야 약속 불이행을 사유로 다시 학폭위 심의를 요청할 수 있기 때문입니다.

학교장 자체 해결로 사안을 종결하게 되면, 학교는 학교폭력예방법 17조에 규정되어 있는 가해 학생에 대한 조치를 하지 않습니다. 1호 조치인 '서면 사과'나 3호 조치인 '학교에서의 봉사 조치'도 안 합니다(학교폭력예방법 제17조에 규정되어 있는 가해 학생에 대한 조치는 학폭위에서만 할 수 있는 조치들이기 때문입니다). 생활지도나 관계 회복 프로그램 이행을 권유하는 것밖에 못합니다. 그래서 많은 피해 학생의 학부모가, 교사의 학교장 자체 해결 권유를 오해해서 '왜 가해 학생 편을 드느냐!'며 화를 내며 학폭위 심의를 강하게 요구하는 분들이 있습니다. 하지만 이러한 행동은 신고를 하는 목적이 가해 학생에 대한 처벌 그 자체에 있는 것이 아니라, (재발 방지를 통해) 자녀의 일상이 안전하고 즐겁게 하는 데에 있다는 점을 감안하면 그다지 바람직한 행동이

Ⅰ.여전히 침묵하는 아이들

아닙니다(물론 다음의 학교장 자체 해결 요건을 갖춘 사안의 경우
에 그렇다는 것입니다).

【 학교장이 자체적으로 해결할 수 있는 요건 및 절차 】

▶ **요건**

학교장은 조사관이 전담기구에 보고한 학교 폭력 사안이 다음
의 4가지 요건을 충족했을 때 자체적으로 해결할 수 있습니다.

① 2주 이상의 신체적·정신적 치료가 필요한 진단서를 발급
받지 않은 경우(2주 이상의 진단서를 발급받았지만 제출하지 않은
경우에는 2주 이상의 치료가 필요한 경우로 보지 않음) ② 재산상
피해가 없는 경우 또는 재산상 피해가 즉각 복구되거나 복구 **약
속**이 있는 경우 ③ 학교 폭력이 지속적이지 않은 경우 ④ 학교
폭력에 대한 신고, 진술, 자료 제공 등에 대한 보복행위(정보통신
망을 이용한 행위를 포함한다)가 아닌 경우

▶ **절차**

학교 폭력 사안이 위 요건을 모두 충족하였다고 하여 학교장이
임의로 자체 해결을 할 수 있는 것이 아니고, 피해 학생 및 그 보
호자가 학폭위 개최를 원하지 아니한다는 의사를 서면으로 확인
하여 주고, 전담기구의 서면 확인 및 심의를 거쳐서 자체 해결을
할 수 있습니다.

※ 학교장은 위 학교장 자체 해결 요건에 해당하는 경미한 사안

에 대하여 피해 학생 및 그 보호자가 학폭위 개최를 원하는 경우 피해 학생과 가해 학생의 관계 회복을 위한 프로그램을 권유할 수 있다(2023. 10. 24. 신설).

◉ 신고를 하면 기간이 얼마나 걸리느냐고 물으며 불안해하시는 분들이 많은데, 사안이 경미하고 피해 학생 및 그 보호자가 학폭위 심의를 요청하지 않아 학교장 자체 해결(제13조의2)로 마무리되는 경우에는 보통 2~3주에 종결되고, 학폭위 심의에 회부되었을 때는 교육장으로부터 조치 결정을 통보받는 데까지 신고한 날로부터 7~9주 정도 이상 걸린다고 생각하시면 됩니다.

그리고 가해 학생 측에서 교육장의 결정에 불복해서 법원에 행정소송을 제기할 수 있는데 그 경우 판결 선고는, 제1심에서는 소가 제기된 날부터 90일 이내에, 제2심 및 제3심은 전심의 판결의 선고가 있은 날부터 각각 60일 이내에 하여야 합니다(제17조의5. 2024. 3. 1.부터 시행). 이의 신청의 소가 제기된 날로부터 7개월 이내에 문제를 종결짓도록 하겠다는 말입니다.

법원에서 이 규정을 제대로 준수해 줄지는 미지수이지만, 가해 학생 측의 악의적 이의 제기를 막고, 피해 학생의 불안 상태를 조기에 불식시켜 주기 위한 고육책이라는 점에서 진작에 도입이 되었어야 했는데 이제라도 법으로 명문화해서 다행입니다.

Ⅰ.여전히 침묵하는 아이들

○ 문제를 처음부터 끝까지 자녀와 함께 해결하고, 자녀의 의견이
나 감정을 중요시하세요.

왜 이런 이야기를 하느냐? 아이들 간에 학교 폭력이 발생하면
많은 학부모님들이 자녀한테 '이제부터 너는 아무 신경 쓰지 말고
공부나 열심히 해라, 내가 다 알아서 할 테니까.'라고 말하고는
자기 마음대로 신고하고 처리하기 때문입니다.

아니 아이들 간에 발생한 문제인데 부모가 신경 쓰지 말라 했다
고 아이들이 신경 안 쓰겠습니까? 아이들 신경 엄청 씁니다. 눈치
도 많이 보고 고민도 엄청 하고요. 그런데 우리나라 부모님들 대
부분이 그런 생각 자체를 안 하고 자기의 감정과 생각대로 처리
해 갑니다.

자녀는 그만 사과받고 용서해 줘서 예전처럼 함께 놀고 싶은데
부모님들의 감정이 안 풀렸다고 계속 싸워가는 분들이 계시는가
하면, 피해를 당한 당사자인 자녀는 용서할 마음이 전혀 없는데
부모님들끼리 화해하고 용서하고는 '야, 너는 빨리 미안하다고 말
하고 너는 괜찮다고 말해. 앞으로는 서로 싸우지 말고 친하게 지
내'라고 하는 분들도 계십니다. 이러시면 안 됩니다.

모든 과정과 결정을 아이와 함께 하세요. 그게 다 배움이고 교육
입니다. 영어 단어 하나 더 외우는 것만 배움이고 교육이 아닙니
다. 성인이 되어서도 억울한 일을 당하지 않으리라는 보장이 없는

데, 언제까지 대신 해결해 주시려고 그러십니까? 그러니까 학교 폭력으로 신고를 할지 말지, 사과를 받아 줄지 말지, 처음부터 진단서를 제출할지 나중에 제출할지, 사안을 학폭위에 심의를 요청할지 말지, 이의 신청을 할지 말지 등을 결정하는 과정에서 자녀의 감정과 의견을 존중하고 우선시해 주셔야 합니다. 절대 엄마 아빠 마음대로 결정하고 처리하시면 안 됩니다. 자녀에게 말 못할 실망과 상처를 줄 수도 있고, 나중에 성인이 되어서도 어떤 문제가 생기면 스스로 해결하지 못하고 부모에게 의존하는 자녀로 만들 수 있기 때문입니다. 우리 아이들을 남의 보호나 간섭을 받지 않고 자기 일을 스스로 처리할 줄 아는, '자주적인 사람'으로 키워야 하잖아요.

▶ 솔직히 우리 학부모들이 제일 알고 싶어하는 것이 내 아이가 학교 폭력을 당했을 때 어떤 마음가짐을 가져야 하고, 또 어떻게 대처해야 하는지인데, 그것들뿐만 아니라 2차 가·피해 방지를 위한 학교장에의 요청 사항과 기타 알아두면 몰라서 오는 불안감과 불필요한 오해를 없애주는 팁까지 알려줘서 고맙습니다. 그리고 맨 마지막의 우리 아이들이 자주적인 사람이 되기 위한 배움의 기회로 삼으라는 말씀에 깊이 공감합니다.

※ 학교 폭력을 인지한 교사와 학교장이 제일 먼저 해야 할 일
  : 즉시 분리, 학교장(전담기구)에 신고, 가해 학생에 대한 2호 조치(쌍방일 때는 모두에게), 가·피해 학생의 학부모 통보

학교 폭력은 암세포와 같다.

그래서 조기 발견이 중요하다

▸ 강사님은 학교 폭력 문제 해결과 관련해서 가장 중요한 게 뭐라고 생각하세요?

■ 갑자기 훅 들어오니까 좀 당황스럽네요. 하지만 정말 좋은 질문을 해 주셨습니다. 방금 하신 질문은 '학교 폭력 문제 해결의 핵심이 무엇이냐?'라고 묻는 것이거든요. 학교 폭력 문제 해결과 관련해서 가장 중요한 것은 학교 폭력이 일어나지 않도록 하는 예방하는 것입니다. 하지만, 잘 아시다시피 예방으로 학교 폭력을 우리 사회에서 완전히 사라지게 할 수는 없습니다. 그래서 저는 학교 폭력의 '조기 발견'을 학교 폭력 문제 해결의 핵심이라고 생각합니다. 왜? 학교 폭력을 암세포와 같다고 보기 때문입니다.

▸ 학교 폭력이 암세포와 같다고요?

■ 네, 학교 폭력은 암세포와 같습니다. 우리가 암세포를 일찍 발견할수록 간단한 시술이나 약물 치료만으로도 완쾌돼서 건강한 삶을 계속 유지할 수 있지만, 늦게 발견할수록 치료 과정이 힘들 뿐 아니라 생명까지 위협받게 되듯이, 학교 폭력도 일찍 발견할수록 피해가 최소화돼서 상처를 쉽게 치유할 수 있고 가해 학생과

의 관계 회복도 쉬워질 수 있지만, 늦게 발견할수록 상처가 커져서 치유가 힘들고 그만큼 관계 회복도 어려워지기 때문입니다.

관계 회복이라는 것은 학교 폭력이 일어나기 전의 관계로 돌아가서 가해 학생과 피해 학생이 서로 잘 지내는 것을 말하는데, 그렇게 되려면 먼저 사과와 용서가 있어야 합니다. 피해의 정도가 크지 않은 경우라면 곧바로 사과와 용서가 이루어져서 다시 즐겁게 학창 생활을 해 나가겠지만, 생때같던 내 새끼가 학교 폭력을 당해 하루아침에 의식불명인 상태가 되었거나 친구들이 무섭다며 학교에도 안 가고 방 안에만 혼자 틀어박혀 있는데 가해자가 사과한다고 쉽게 용서가 되겠습니까? 이렇게 피해가 심해졌을 때는 관계 회복이라는 말을 꺼낸다는 것 자체가 언어도단입니다.

▶ 아, 그래서 학교 폭력이 암세포와 같다는 말씀이시군요? 빨리 발견할수록 피해나 상처가 작아서 치유가 쉽고, 늦게 발견할수록 피해나 상처가 커져서 치유가 힘드니까. 그리고 피해나 상처가 작을 때 발견돼서 쉽고 빨리 치유 돼야 관계 회복도 쉽게 되지, 늦게 발견돼서 피해나 상처가 크면 클수록 관계 회복이 불가능해지니까.

■ 아주 깔끔하게 잘 정리해 주셨습니다. 제가 피해자의 관점에서 이야기를 하다 보니까 자칫 학교 폭력의 조기 발견이 피해 학생과 그 부모에게만 좋은 것으로 들릴 수 있는데, 사실 가해 학생과

II. 아이들이 말을 하지 않아도 알 수 있다

그 부모에게도 좋은 일입니다.

▸ 네? 학교 폭력의 조기 발견이 가해 학생과 부모에게도 좋은 일이라고요? 처음 듣는 말이라 선뜻 이해가 안 가는데, 왜죠?

■ 영희 어머니, 영희가 방에 있을 때 공부를 하고 있는지 친구와 스마트폰으로 수다를 떨고 있는지, 카톡으로 친구들과 무슨 이야기를 하는지, 아니면 어떤 고민이나 걱정을 하고 있는지 잘 모르시죠? 집 안에 있는 아이가 뭘 하는지도 모르는데 집 밖에서 뭘 하고 다니는지는 더 모르겠지요?

학교에서 선생님 말씀과 규칙을 잘 따르는지, 친구들과 싸우지 않고 잘 지내는지, 문방구나 편의점에서 뭘 훔치고 다니는지, 누구를 미워하거나 좋아하는지, 친구를 괴롭히고 다니는지 아니면 괴롭힘을 당하고 다니는지 모릅니다. 또 친구들과 단톡방을 만들어서 누군가를 떼카 하거나 카감, 방폭을 하고 다니는지, 19금 야동을 보는지, 핸드폰으로 불법 촬영을 하고 다니는지, 딥페이크 앱을 이용해 합성음란물을 만들고 있는지 모릅니다.

다들 선생님 말씀 잘 따르고, 친구들한테 피해 안 주고 잘 지내는 것으로 압니다. 스마트폰으로 좋고 건전한 것만 골라서 보고 거짓말도 안 하는 착한 아이라고 생각합니다. 그래서 피해 학생의 부모도 그렇지만 가해 학생의 부모도 학교로부터 자기 아이가 학교 폭력에 연루되었다고 하면 '네? 우리 아이가요? 그럴 리가요?' 하면서 깜짝 놀라는 겁니다.

그럼 내 아이가 학교 폭력을 지속적으로 저지르고 다니는 사실을 빨리 발견하는 것이 왜 좋고, 감사해야 할 일이냐? 자녀가 더 큰 잘못이나 범행을 저지르기 전에 바로잡을 수 있어서 그렇고, 현실적으로 금전적인 손해를 줄일 수 있어서 좋고, 감사해야 할 일이라는 것입니다.

자녀가 학교 폭력의 가해자라는 연락을 받으면, '아이들은 싸우면서 크는 것이다.'라거나 '장난으로 그랬다는데 왜 신고를 해서 일을 크게 만드느냐.'며 사안을 의도적으로 축소하려 해서 피해 학생에게 상처를 주는 2차 가해를 하고, 피해 학생의 부모를 화나게 하는 학부모들이 많습니다. 심지어 신고한 사람이 누구냐고 다그치며 신고한 사람을 욕하거나 원망하는 학부모도 있습니다. 선생님이 학교 폭력을 목격하고 신고하자 가해 학생 학부모가 학교에 찾아가서는 '선생이라는 작자가 말로 선도를 해야지 신고부터 하는 경우가 어디 있느냐! 그러고도 당신이 선생이냐!'며 난리를 친 학부모도 있습니다. 절대 그러시면 안 됩니다. 남 탓을 하기 전에 자녀의 나쁜 행동을 예방하지 못한 자기 잘못부터 반성하고, 신고를 해준 피해 학생이나 부모, 선생님에게 감사한 마음을 가져야 합니다.

그리고 평상시에 자녀가 혹시 가해 행위를 하고 다니지는 않은지, 유심히 살펴볼 필요도 있습니다. 자녀가 남에게 피해를 주지 않고 올바로 성장할 수 있도록 교육하고 선도해야 할 의무가 있는 게 부모이기 때문입니다. 그럼 어떨 때 자녀가 학교 폭력 가해 행위를 하고 있을지도 모른다는 의심을 가지고 유심히 살펴봐야 할까요?

학교 폭력 가해 학생들이 보이는 특징, 예를 들면, 용돈을 많이 주지도 않고 알바를 하는 것도 없는데 고가 옷이나 신발을 신고 다닌다든지, 밤늦도록 귀가를 하지 않고 친구들과 어울리고 다닌다든지, 가족보다 친구나 선배들과의 관계를 우선시한다든지, 행동에 문제를 제기하면 이유와 핑계가 많다든지, 평소 욕설과 친구를 비하하는 듯한 표현을 자주 한다든지, 팔이나 어깨 등에 문신을 한다든지, 화장 등 외모를 과도하게 꾸며서 또래 관계에서 위화감을 조성한다든지, 좀 나무라기라도 하면 화를 버럭 내거나 욕을 한다든지….

자녀가 이와 같은 행동을 하면 학교 폭력 가해 행위를 의심하고 자녀와 소통하셔서 선도해야 하고, 그래도 멈추지 않으면 담임교사 등 학교 측과 적극적으로 상담을 해야 합니다. 그렇게 하지 않고 설마설마하며 넘기는 것은 자녀를 사람이 아니라 괴물로 키우는 것과 같고, 급기야 자녀가 큰 사고라도 치게 되면 감당할 수 없는 수모와 죄책감, 큰 경제적 손실까지 발생하게 됩니다. 그래서 가해 학생의 부모도 평소 아이의 행동에서 학교 폭력 가해 행위의 조기 발견을 위해 관심을 가지고 노력해야 합니다.

▶ '학교 폭력 사실을 빨리 발견하면 발견할수록, 바늘 도둑이 소 도둑 되거나 더 큰 괴물이 되기 전에, 아이를 바로잡을 수 있어서 가해 학생의 부모에게도 좋은 일이다. 신고한 사람에게 원망 대신 감사하라.'는 말씀에 전적으로 동감합니다. 그런 관점에서 보면 학교 폭력 가·피해 사실의 '조기 발견'이라는 것이 아이들과 부 모들뿐 아니라 학교에도 좋은 일이고 사회나 국가적으로도 아주 좋은 일이 되겠습니다.

▶ 학교 폭력 가해 학생이 보이는 이상 행동◀

■ 피해 학생들도 말을 하지 않지만 가해 학생들은 더 말을 하 지 않습니다. 자기를 괴롭히던 친구를 때려줬을 때는 말을 할 수 도 있겠지만, 그렇지 않은 경우에 말을 하는 아이들은 거의 없습 니다. 누가 '엄마, 내가 오늘 누구한테 삥 뜯었어', '요즘 누구를 약 올리고 다녀.', '요즘 친구들과 함께 같은 반 누구를 왕따시키 고 있어.', '누구를 성폭행했어.'라고 말하겠어요? 두말하면 잔소 리죠.

그래서 학교 폭력 가·피해 사실을 빨리 발견해서 최소화하기

Ⅱ. 아이들이 말을 하지 않아도 알 수 있다

위해서는 피해 학생의 부모도 그렇지만 가해 학생의 부모도 다음의 가해 학생들이 보이는 이상 행동을 숙지하고 있다가, 어느 날부터인가 자녀가 그러한 행동을 보인다 싶으면 '혹시 학교 폭력?'이라는 단어를 떠올리고 유심히 관찰하며 지도를 해야 합니다.

자녀의 행동이 어느 날부터 가해 학생들이 보이는 이상 행동을 보이는데도 설마설마하며 그냥 넘어가거나 나 몰라라 해서도 안 되고, 학교에서 잘 지도해 주겠지라는 생각도 하시면 안 됩니다.

요즘이 어떤 세상입니까? 너무 오냐오냐, 애지중지 키워서 그런지, 인성을 독학으로 배운 것처럼, 제멋대로 말하고 행동하는 아이들이 많은 세상입니다. 담뱃불을 빌려달라는 중학생을 좀 심하게 혼냈다고 아동학대로 신고를 하는 세상입니다. 그런데 누가 나서서 내 자식의 잘못된 행동을 타이르고 따끔하게 나무라겠습니까? 아이들의 말싸움을 보고도 못 본 척, 못 들은 척 외면하고, 수업 시간에 잠을 자도 내버려 두고 그냥 수업하는 교사들도 많습니다. 그렇다고 마냥 그러한 교사들을 뭐라 할 수 없는 게 현실입니다. 보거나 들으면 신고를 해야 하는데 신고했다가 학부모한테 비난과 항의를 받을까 봐서 그렇고, 왜 깨우느냐며 대들기라도 하면 어떻게 할 도리가 없기 때문입니다. '내 자식을 제대로 훈육할 사람은 부모인 나밖에 없다.'라는 생각을 가져야 합니다.

학교 폭력 가해 학생이 보이는 이상 행동

====================================

▶ 평소 장난이 심하다.

▶ 지나치게 자기가 하고 싶은 대로만 하려 한다.

▶ 갑자기 똥 싼 강아지 마냥 안절부절못한다.

▶ 혼자 다니지 않고 꼭 몇 명이서 모여 다닌다.

▶ 화를 잘 내며 이유와 핑계가 많다.

▶ 용돈을 주지도 않았는데도 씀씀이가 크다

▶ 사 주지도 않았는데 비싼 물건이나 새 옷을 입고 다닌다.

▶ 손이나 팔 등에 종종 붕대를 감고 다니거나 문신 등이 있다.

▶ 지나치게 자존심이 강해서 지는 것을 못 참는다.

▶ 성미가 급하고 충동적이며 공격적이다.

▶ 부모와 말을 잘 하지 않으려 하고 반항하거나 화를 잘 낸다.

▶ 집에 빨리 오라고 하면 금방 간다고 말만 하지 오지를 않는다.

▶ 행동에 문제를 제기하면 이유와 핑계가 많다.

▶ 카톡 등 SNS에서 친구들을 비난하는 글을 자주 쓴다.

▶ 친구나 선후배와의 관계를 중요시한다.

▶ 평소 욕설과 친구를 비하하는 듯한 표현을 자주 한다.

▶ 화장을 진하게 한다든지 외모를 과도하게 꾸며서 또래 관계에 서 위화감을 조성한다.

▶ 혼내기라도 하면 눈도 깜박거리지 않고 똑바로 쳐다 본다.

II. 아이들이 말을 하지 않아도 알 수 있다

가해 학생의 부모가 가져야 하는 마음가짐과 대처 요령
(누명을 썼거나 무고 등의 억울한 신고를 당한 경우는 예외임)

■ 앞에서도 말했지만, 학교 폭력 문제가 아이들의 상처를 최소화하면서 빨리 원만하게 마무리되느냐, 아니면 아이들뿐 아니라 관련 당사자 모두를 힘들게 하는 싸움으로 가느냐는 가해 학생의 보호자가 어떻게 하느냐에 달려 있다고 해도 과언이 아닙니다. 그만큼 학교 폭력이 원인이 되어 발생하는 교사와의 갈등 및 문제 해결 등과 관련하여 가해 학생의 보호자인 부모님이 가지는 마음가짐과 대처 요령이 중요하다는 말입니다.

학교 폭력으로 극단적 선택을 한 학생의 부모님들이 가장 화가 나고 억울한 게 뭔지 아십니까? 가해 학생과 그 부모들로부터 진심 어린 사과를 받지 못했다는 것입니다. 가해 학생의 부모들 중에는 피해 학생과 그 부모에게 사과는 하지 않고 담임교사나 학폭위 위원들, 경찰, 검사, 판사에게 선처를 호소하는 경우가 있는데, 이러한 행동은 번지수를 잘못 찾은 아주 잘못된 행위입니다. 사과하고 용서를 빌어야 할 대상은 피해 학생과 그 부모이지 절대 심사위원회 위원도 아니고 검사나 판사도 아니기 때문입니다.

▶ 맞아요, '사과하고 용서를 빌어야 할 대상은 학폭위 위원도, 검사도 판사도 아니다, 피해 학생이고 그 부모이다.'라는 말씀에

정말 공감합니다.

 일 년 전쯤 아이가 학교 폭력을 좀 심하게 당해서 마음고생을 심하게 했던 고등학교 친구로부터 그와 유사한 이야기를 들은 적이 있거든요. 그 친구가 저한테 전화를 해서는 화가 단단히 난 목소리로 하는 말이 '배울 만큼 배운 부모라는 작자가 어떻게 똥오줌을 못 가리는지 모르겠다. 처음에는 미안하다, 치료비 다 물어 주겠다고 하더니 사건이 학폭위로 넘어가니까 언제 그랬냐는 듯이 변호사를 사고는 코빼기도 안 비치더라. 가관인 것은 글쎄 학폭위에 직접 출석해서 머리를 조아리며 선처를 호소하더라. 그 모습을 보는데 어찌나 열불이 나는지 눈에서 불이 나더라. 오늘 이런 말도 안 되는 가해 학생 부모의 위선적 행태를 적어서 학폭위에 제출했다. 지금도 화가 나서 입맛이 없다.'였거든요.

■ 그래요? 저도 그런 가해 학생 부모의 위선적 과잉 행위에 대해 심심찮게 듣습니다. 반대로 피해 학생 부모의 무리한 요구로 사안이 원만히 해결되지 않는 경우도 종종 있지만요.

 그래서 학교 폭력 가·피해 학생의 부모님들 모두에게 드리고 싶은 것이, 우리 아이들은 엄마 아빠가 하는 모습을 어깨너머로 보면서 배워 간다는 사실을 항상 인식하셔서, 아이들이 나의 행동을 지켜보고 있다는 생각을 하고 말과 행동을 좀 조심하며 학교 폭력 문제 해결에 임해 달라는 것입니다. 부모님들의 지나친 자존

Ⅱ. 아이들이 말을 하지 않아도 알 수 있다

심과 과잉 행동, 지나친 욕심으로 원활한 화해가 물 건너가 버림에 따라 아이들의 바람과 다르게 관계 회복이 안 돼서 큰 상처를 줄 수 있기 때문입니다.

▶ 맞아요, 학년이 바뀔 때마다 엄마들의 기 싸움이 대단하거든요. 심지어 담임선생님하고 기 싸움을 하는 분들도 있습니다. 마치 부모인 자기가 밀리면 자기 아이가 다른 아이들한테 밀린다는 생각들을 하는 것 같아요. 사실 누구 엄마가 어쨌더라 하면서 뒷담화하는 분들도 많고요. 그런 분들의 경우 자기 아이가 학교 폭력에 연루되면 극에 달할 수도 있겠다는 생각이 듭니다.

■ 그래요, 그럼 학교 폭력의 가해 학생의 부모가 가져야 마음가짐과 대처 요령에 대해 말해 보겠습니다.

○ 먼저 내 아이가 학교 폭력 가해자가 되었다는 사실을 알았을 때 우리 학부모님들이 가져야 할 마음가짐은 '변호사를 선임하는 것보다 신속하고 진정성 있는 사과와 합의가 최고다.', '남 탓하지 말고 원인을 찾아 다시는 같은 잘못을 반복하지 않도록 하자.', '무조건적인 감싸고돎과 두둔, 역성은 아이를 망친다. 입장을 바꿔 생각해 보자.', '범죄에는 애, 어른이 따로 없다, 학교 폭력은 범죄다.', '지금이 어떤 세상인가, 지나가는 강아지를 괴롭혀도 동물 학대로 처벌받는 세상 아니냐, 그런데 사람을 괴롭혔다? 말이 안 된다.', '편법이나 억지로 문제를 해결하려 들지 말고, 부모로

서 책임질 것은 깨끗하게 지자…'입니다. 이러한 마음가짐을 가져야 흥분하지 않고 객관적으로 사실관계를 파악할 수 있고, 내로남불이나 적반하장, 물타기식 맞고소를 하지 않고 현명하게 대처할 수 있습니다. 그리고 남 탓을 하지 않고 원인을 자신에게서 찾으며 가해가 더 커지기 전에 빨리 발견되었음에 감사할 줄 알고, 진심 어린 사과를 해서 나중에 문제가 생길 소지를 깨끗하게 없앨 수 있습니다. 이어지는 바와 같이 말이에요.

○ 흥분하지 말고 차분히 기초 사실관계를 파악하세요.

자녀가 학교 폭력에 관련되었다는 소식은 대부분 학교 선생님으로부터 듣습니다. '○○ 어머님, ○○가 학교 폭력에 연루되었습니다.', 이렇게요. 이때 가해 학생의 부모가 어떤 반응을 보이죠? 놀란 목소리로 '피해자인가요?'라고 물었는데, 가해자라는 말을 들으면 자기도 모르게 '그럴 리가요?'라는 말이 나옵니다. '생기부에 빨간 줄?'이 떠오르면서 가슴이 철렁 내려앉고 머리가 하얘지며 멘붕이 옵니다(초등학교 저학년의 학부모일수록 더합니다).

하지만 빨리 흥분을 가라앉히고 차분하게 기초 사실관계를 파악하세요. 피해 학생이 누구이고 상태는 어떠한지, 피해 학생이 장애를 가지고 있는 아이는 아닌지, 우발적으로 발생한 것인지 지속적으로 괴롭혀왔는지, 혼자서 그랬는지 여러 명이서 그랬는지, 증거는 어떠한 것들이 있는지, 진단서를 제출했는지, 서로 화해는 했는지… 등등에 대해 물으시고 선생님의 대답을 경청하며 현재까지의 기초 사실관계를 파악하세요. 이때 선생님에게 변명하거나 따지거나 부인하는 등의 말을 하는 분들이 있는데 그러지 마세요. 선생님은 지금 사안 처리 절차에 따라 신고 사실을 보호자에게 알리는 것뿐이니까요. 기타 자세한 사실관계는 자녀와의 대화를 통해 파악하셔야 합니다.

○ 폭언을 삼가고 차분하게 자녀가 사실대로 말할 수 있는 분위기를 조성하세요.

 선생님과의 전화를 끊고 나서가 문제입니다. 아마 대부분의 부모님들이 아이한테 전화를 할 겁니다. 이때 아이한테 절대 화부터 내지 마십시오. 평소와 같은 말투로 말하세요. '어디야? 응 무슨일 없었어? 빨리 와?'하고 안심하고 집에 들어오게 하세요. 아마 아이도 굉장히 불안해하고 있을 겁니다. 혼날까 봐. 아니면 자기도 억울한 일이 있을 수도 있겠죠.

 이제부터가 고민의 시작일 것입니다. 온갖 생각이 머릿속을 어지럽힐 것입니다. '학폭 가해자? 생기부에 빨간 줄? 낙인? 아, 어떡하지? 진짜 우리 애가 그랬을까? 혹시 저쪽 아이가 너무 과장해서 말하는 건 아닐까?…' 등의 쓸데없는 생각을 하지 마십시오. 그리고 '내 아이는 나한테 사실대로 다 말할 것이다.'라는 생각도 하지 마십시오. 우리 부모님들이 흔히 하는 착각이니까 그렇습니다. 아이들도 본능적으로 거짓말을 하거나 자기가 억울한 것만 말하거나 장난으로 그랬다며 대수롭지 않은 듯 말합니다. 그렇다고 화를 내거나 폭언을 하지는 마세요. 아이가 그러는 것은 자기가 무엇을 잘못한지를 분명히 알고 있다는 증거니까요. 정말 불행한 것은 자기가 잘못을 해 놓고도 그것이 잘못인지를 모르는 것입니다.

학교 폭력으로 처벌을 받으면 생기부에 기재되고 그러면 학년이 올라가더라도 새 담임교사부터 색안경을 끼고 볼 텐데 어떡하지? 이러한 걱정도 기우입니다. 학교 폭력으로 처벌받는다고 다 생활기록부에 올라가는 것이 아닙니다. 부모님이 어떻게 하느냐에 따라 처벌을 안 받을 수도 있고, 생기부에 기재되지 않는 처벌을 받을 수도 있습니다.

생기부에 처분 내용이 기재되면 학교 폭력 가해자로 낙인이 찍힌다는 생각도 하지 마세요. 착각이니까 그렇습니다. 먼저 아이들은 금방 잊습니다. 그리고 선생님들도 문제아로 낙인찍지 않습니다. 오히려 신경을 더 써 줍니다. 신경을 더 쓰는 이유는 같은 실수나 잘못을 하지 않도록 하기 위함이지 문제아로 인식해서 사소한 일로도 징계를 주려고 그러는 것이 아닙니다.

이제 자녀가 집에 왔습니다. 어떻게 해야 할까요? 무엇부터 어떻게 물어야 할까요? 먼저 자녀에게 절대 하지 말아야 할 행동이 있는데 그것은 폭언이나 폭행입니다. 내 아이가 아닌 친구의 아들과

II. 아이들이 말을 하지 않아도 알 수 있다

상담한다는 생각을 가지시고 아이를 대하는 것도 아주 좋은 방법입니다. 자동차 도로 주행 연습을 시킬 때 아들이나 딸한테는 잘 못한다고 큰소리로 나무라지만 친구 아들이나 딸한테는 조용히 알려주잖아요. 아무튼 평소처럼 아이를 맞이하고 이야기를 나누세요.

'오늘 담임선생님한테 이런 일이 있었다며 전화가 왔는데 어떻게 된 건지 이야기해 줄래? 엄마 아빠도 알아야 하지 않을까?' 하면서 아이로 하여금 스스로 편안하게 그동안 있었던 일에 대해 말할 수 있도록 해줘야 합니다. 혹시 자녀가 부모님의 지나친 기대 감이나 간섭, 학업 스트레스, 다른 형들이나 친구들한테 당한 것에 대한 화풀이 등으로 남을 괴롭히는 경우가 종종 있으니까 자녀가 피해 학생에게 행한 가해 행위의 원인이 정확히 무엇인지 파악하는 것이 아주 중요합니다. 정확한 진단이 있어야 정확한 처방을 할 수 있잖아요.

○ 사안의 경중을 빨리 파악하시고, 남 탓하지 마세요.

경미한 사안인지, 중한 사안인지 어떻게 아느냐고 묻는 분들이 많은데요, 사안의 경중 판단의 기준은 학교장이 자체적으로 해결할 수 있는 요건에 해당하는지 여부에 따라 판단할 수 있는데, 일단 2주 이상의 신체적 · 정신적 치료를 요하는 진단서가 나오는 상해를 입은 경우, 지속적으로 행해진 경우, 신고했다는 이유로 협박하거나 보복을 한 경우에 중한 사안이라고 보면 됩니다. 학교장 자체 해결 요건은 아니지만 피해 학생이 장애아인 경우에도 중한 사안이라고 보시는 게 좋습니다. 학폭위에서 피해 학생이 장애인이면 조치 결정을 가중할 수 있으니까 그렇습니다.

 그리고 요즘 가해 학생의 학부모님들 중에 피해 학생 탓을 하거나 (친구를 잘못 만나서 그렇다는 등의) 친구들을 탓하거나 학교나 교사 탓을 하는 분들이 많은데, 이러한 남 탓은 현명한 문제 해결 및 재발 방지를 방해하는 암적 요소입니다. 앞에서 학교 폭력 발생의 근본 원인이 부모의 그릇된 언행이나 가정환경에서 비롯되는 경우가 많다고 했는데, 그러한 원인을 반성하고 고치려 하지 않고 합리화함으로써 (자녀에게 반성할 기회를 박탈하고, 학부모들의 감정싸움으로 비화 되는 등) 문제를 아주 복잡하게 만들어 버리기 때문입니다.

○ 자녀가 잘못한 것을 구체적으로 알려주세요

 사실관계 및 사안의 경중 파악이 끝났으면 아이가 무엇을 잘못했는지 구체적으로 알려주셔야 합니다. 막연히 추상적으로 말하면 아니 됩니다. 상대 아이가 먼저 자꾸 약을 올려서 화가 나 때려줬다고 했을 때, 자기가 걔를 때린 것은 걔가 먼저 나를 약 올렸기 때문이라며 걔가 나를 약 올리지 않았으면 때릴 일도 없었다고 억울해할 것입니다. 이럴 때 어떻게 하시겠습니까?
"그렇지, 걔가 그렇게 약 올렸으면 당연히 화났겠다, 나라도 그렇게 놀림을 당하면 화가 났을 거야. 그래 네가 그때 화가 난 것 당연해. 하지만 그렇다고 때리는 것은 아니야. 화가 나게 했다고 너처럼 때릴 것 같으면 다른 친구들도 너한테 그렇게 해도 된다는 말이 되잖아? 너도 실수로든 장난으로든 누군가를 속이 상하게 하거나 화가 나게 할 수도 있을 거야. 그럴 때 상대가 널 때리면 너도 할 말이 없게 되지 않을까? 아빠도 살다 보면 누군가에 의해 화가 날 때가 아주 많아. 하지만 그럴 때마다 화가 난다고 나를 화가게 한 그 사람을 때리거나 물건을 부수거나 했으면 아마 난 지금처럼 사랑하는 너랑 엄마랑 함께 살지 못하고 있을 거야. 그건 분명해. 그래서 누군가가 너를 화나게 한다고 직접 응징하거나 화풀이를 하는 것이 좋지 않은 거야. 비록 친구가 놀리거나 장난을 심하게 하거나 때리더라도 그 자리에서 때리거나 욕하지 말고 일단 말로 '그러지 마! 그만해!'라고 단호하게 말하고, 그래도 계속하면 선생님이나 엄마 아빠한테 얘기하는 거야. 그게 옳은 거야."라고 구체적으로 알려주고 이해를 시켜주셔야 합니다. 자녀가 억울해하는 점에 대해서는 담임교사에게 전달해서 피해 학부모에게 알리도록 해야 하고요.

○ 진심 어린 사과를 하고, 합의를 위해 노력하세요.

 그렇게 아이에게 무엇을 왜 잘못했는지, 구체적으로 존조리 알려주고 이해를 시켰다 싶으면 이제 행동으로 보여줘야 합니다. 바로 피해 학생과 부모에게 진심 어린 사과를 하는 모습을 보여줘야 합니다.

'자, 네가 억울하다는 것, 선생님한테 다 말하는 것 옆에서 들었지? 그럼 이제 우리 그 친구와 부모님한테 사과하러 갈까. 사과는 조건이나 변명 없이 깨끗하게 하는 거야. 내가 잘못한 점에 대해서만 사과하면 돼. 용서를 해주고 안 해주고는 상대 맘이니까 신경 쓰지 말고 우리가 마땅히 해야 하는 것이니까 하는 거다라는 생각만 하자.'라고 말하고 직접 찾아가서 사과를 하세요. 만약 피해 학생이나 부모가 만나주지 않겠다고 하면 손 편지를 써서 담임선생님 등에게 전달을 부탁하거나 학폭위에 제출하세요(요즘은 개인 정보 보호 때문에 학교에서 전화번호를 알려주지 않지만 그래도 사과와 합의를 위해 노력하는 모습을 보여야 합니다).

사과는 빠를수록 좋고, 사과할 때는 사족이나 조건을 붙이지 않는 게 좋습니다. '내가 잘못한 것은 인정하고 사과하겠는데 너도 잘못한 게 있다는 것은 알아라.'라는 식의 사과는 사과가 아닙니다. 사과는 자신의 잘못을 인정하고 용서를 비는 것을 말하고, 용서는 저지른 실수나 잘못에 대하여 꾸중하거나 벌하지 않고 너그럽게 봐주는 것을 말합니다. 그래서 조건이 붙은 사과는 사과라 할 수 없습니다.

신속하고 진심 어린 사과가 왜 중요한지 아세요? 그 이유는,

II. 아이들이 말을 하지 않아도 알 수 있다

첫째, 복수를 꿈꾸는 피해 학생들이 많기 때문입니다.

제가 만난 피해 학생 중에 (넷플리스 드라마 '더 글로리'에서 박연진(임지연)이 가장 잘나갈 때 문동은(송혜교)이 복수하는 것처럼, 잘나가던 아이돌이 학교 폭력 문제가 폭로되어 사회의 지탄을 받고 하루아침에 모든 연예 활동을 그만두는 것처럼) 학폭 미투 등의 방법으로 복수를 꿈꾸는 아이들이 많습니다. '지금은 힘이 없어서 당하지만 어른이 되면, 내가 당한 피해 내용을 그놈들의 자식들과 마누라, 친인척, 직장 동료에게 다 알리고 인터넷에 올려 온 세상 사람들이 다 알게 하겠다. 그래서 사회에서 생매장을 시켜버리겠다.'는 등의 복수 계획을 구체적으로 세우는 피해 학생도 있었습니다. 학폭 미투, 이것도 가만히 들여다보면, 문제가 되었던 학창 시절에 진정성 있는 사과를 하지 않은 채, 뻔뻔하게 피해자 탓을 하거나 사안을 쉬쉬 덮거나 편법으로 해결하려 해서 일어나는 것들이 대부분입니다. 그래서 지금 피해 학생 측의 분노를 녹여놓지 않으면, 잘나갈 때 또는 성공의 문턱에서, 일순간 나락으로 떨어질 수도 있는 세상에 살고 있다는 점을 분명히 알아야 합니다.

둘째, 학폭위에서 높은 징계를 낮출 수 있고, 자녀가 피해 학생 측이 제기할 수 있는 형사, 민사, 행정소송으로 인해 받을 수 있는 고통을 미연에 방지하기 때문입니다.

먼저 학폭위에서 가해 학생에 대한 조치 결정을 할 때 판단하는 요소와 기준이 뭔지 아세요? 심각성, 지속성, 고의성, 반성의 정도, 화해의 정도인데, 이중 반성의 정도와 화해의 정도가 40%를 차지합니다. 왜 이렇게 '반성의 정도와 화해의 정도'의 비중이 높을까요? 한마디로 학폭위에서 하는 조치 결정의 목적이 처벌 그 자체에 있는 것이 아니라 가해 학생의 선도와 교육, 피해 학생의 상처 치유, 관계 회복에 있기 때문입니다.

실제로 그와 같은 학폭위의 조치 결정 판단 요소와 의미를 잘 이해하고 대처를 잘해서 (사안이 어느 정도 중했음에도) 생기부에 기재되지 않는 처분을 받은 경우가 다수 있습니다.

피해 학생 측의 심정에 충분히 공감해 주고 진심 어린 사과와 충분한 배상을 해줌은 물론, 피해 학생과 친구가 되어 다른 아이들이 피해 학생을 괴롭히지 못하도록 보호해 주겠다는 등의 약속을 한 뒤, 실제로 자녀에게 그렇게 하도록 지도해서 피해 학생과 그 부모가 감사하다며 선처를 바란다는 탄원서를 학폭위에 제출해 주었거든요. 이런 경우 반성의 정도와 화해의 정도가 거의 영점이 나옵니다. 학교 폭력 문제 해결의 모범적 사례가 아닌가 싶습니다.

다음으로 피해 학생도 학폭위 조치 결정에 이의 신청을 할 수 있다는 것 아시죠? 형사 고소도 할 수 있고, 치료비 등을 받기 위해 민사 소송을 제기할 수 있다는 것도 아시고요. 어떤 경우에

II. 아이들이 말을 하지 않아도 알 수 있다

이런 법적 대응을 할까요? 가해 학생이 사과도 안 하고 합의도 안 됐는데 학폭위가 가해 학생에 대해 가벼운 처벌을 했다고 생각할 때 화가 나서 분해서 그렇게 합니다. 이렇게 피해 학생 측이 법적 소송을 제기하면 최소 1년 이상을(계속해서 이의 신청을 하면 2년 이상을) 소송에 시달려야 합니다. 그래서 신속하고 진심 어린 사과와 합의가 중요하다는 말입니다.

 그러니까 자녀가 다소 서운하고 억울한 점이 있더라도 자녀와 충분한 얘기를 나눈 다음, 자녀와 함께 피해 학생과 부모에게 진솔하게 사과하고, 그러한 모습을 자녀에게 보여주십시오. 그런 부모님을 못났다거나 멋없다고 생각하는 아이들, 하나도 없습니다. 오히려 죄송스러워하며, 정말 멋지고 아름다운 분으로 기억합니다. 그렇게 사과할 줄 아는 부모의 자녀는 분명 더 멋진 사람으로 자랄 것이고요.

○ 자녀가 학교장의 2호 조치(피해 학생 등에 대한 접촉 · 협박 · 보복 행위 금지)를 잘 이행하도록 지도해 주세요.

 학교 폭력 2차 가 · 피해 방지는 가해 학생의 보호자가 어떻게 하느냐에 달려 있을 정도로 가해 학생 보호자의 역할이 중요합니다. 그러니까 앞에서 말한 피해 학생과 신고 · 고발 학생에 대한 접촉, 협박, 보복 금지 조치 위반에 해당하는 행위 등을 잘 숙지하고 계셨다가 자녀에게 구체적이고 분명하게, 그리고 단호하게 말해 주세요. 그러한 보복 행위 등을 하게 되면 어떠한 후폭풍이 일어날 수 있는지에 대해서도 충분히 설명해 주시고요(요즘 아이들은 돈에 대한 관심과 욕심이 많아서 그런지 '네가 친구를 때리거나 괴롭혀서 피해를 주면 그 친구는 치료를 받게 될 텐데 그 치료비를 엄마 아빠가 다 물어줘야 한단다.'고 말해 주는 것이 효과적인 예방법일 수 있습니다)

▶ 그런데 강사님, 뭐 하나 물어봐도 돼요? 요즘 아이들이 말을 잘 안 듣는데, 훈육을 어떻게 해야 좋을까요?

■ 훈육의 '훈' 자는 가르칠 훈(訓) 자인데, 가르칠 훈(訓)은 말씀 언(言)과 내 천(川)자로 이루어져 있습니다. 어떤 사람은 '川'을 내(냇가)가 아니라 '회초리 세 개'를 의미한다며 훈육을 회초리로 때리며 가르치는 것이라고 말하는 분도 있는데, 그것은 웃자고 하는 소리일 테고, 훈육의 훈은 '물이 흐르듯이 유연하고 부드럽게 말로 가르치는 것'을 의미합니다.

 그래서 저는 '훈육은 존조리 하는 것입니다.'라고 답합니다. '존조리'라는 단어는 순우리말로 '잘 타이르듯이 조리 있고 친절하게'라는 의미의 부사입니다. (네이버에서 검색하거나 국어사전에서 찾아보세요) 정말 좋은 말이 다 들어 있지요? '존조리 가르치다, 존조리 알려주다, 존조리 나무라다, 존조리 혼내다.'와 같이 사용됩니다. 뭘 잘못했을 때, 흥분해서 고성으로 나무라지 마시고, 존조리 무엇을 잘못했는지, 왜 그러면 안 되는지를 구체적으로 알려 주며 나무라야 합니다. 그래야 진심으로 반성하고 다시는 같은 잘 못을 반복하지 않으려고 노력합니다.

흥분해서 고성으로 야단치고 나무라면 '잘못했어요. 다시는 안 그럴게요.'라며 눈물을 뚝뚝 떨어뜨리겠지만, 그러한 행위는 대부 분 그 혼나는 자리를, 그 무서운 상황을 빨리 벗어나고 싶어서 그 렇게 하는 것이지 진심으로 자신의 잘못을 이해하고 반성해서 그 러는 것이 아닙니다. 그런 아이들은 '다시는 그러지 말아야지.' 하 고 다짐하는 것이 아니라 '다음에는 절대 들키지 말아야지.' 하고 다짐합니다. 그래서 다음에 또 남을 때리는 등의 잘못을 저지르면 피해 학생에게 협박이 들어갑니다. '누구한테 말하거나 신고하면 죽을 줄 알아!'라고 말입니다. 그리고 한 번 말했다고 우리 아이 들이 같은 잘못이나 실수를 안 할 것이라고 생각지 마세요. 또 합 니다. 왜? 아직 어리니까 그렇습니다. 그러니까 그럴 때마다 '존 조리'라는 단어를 떠올리시고 두 손으로 아이의 손을 잡고 눈을 마주보며 존조리 훈육하세요. 그렇게 하면 아이들은 곱고 바르게 자라게 됩니다.

영희 어머니, 조선의 왕 중 수능 국사 시험에 가장 많이 나오는 왕이 누군지 아세요?… 정조랍니다. 다음이 세종이고요. '정조' 하 면 조선 후기의 성군인데 그런 정조가 연산군보다 더 폭군이 될 가능성이 많았는데 폭군이 안 되고 성군이 된 것은 어머니인 혜경궁 홍 씨의 현명함과 사랑이 있었기 때문이랍니다.

앞에서 말했다시피 정조의 아버지인 사도세자는 의대증과 울화병에 걸려 시중들을 때리고 죽이고, 자기가 가장 아끼던 후궁까지 죽이고, 혜경궁 홍 씨한테도 바둑판을 던져 눈을 다치게까지 하였습니다. 하지만 정조에게만은 그러질 않았습니다. 정말 정말 예뻐했답니다. 다정하게 바라봐주고 안아주고 뽀뽀도 해주고….

그런 아버지를 정조는 11살 때(당시 11살이면 세상 물정 모르는 어린 나이가 아닙니다) 할아버지인 영조의 명에 의해 뒤주에 갇혀 굶어 죽는 것을 처음부터 끝까지 지켜봤습니다. 그 과정에서 정조는 할아버지 영조가 무섭고 원망스러웠을 것입니다. 그리고 자신이 직접 낳은 아들 사도세자가 뒤주에 갇혀 죽어 가는데 살려달라고 청원하지도 않는 할머니 영빈 이 씨가 원망스러웠을 것이고, 대신들 또한 죽이고 싶도록 미웠을 것입니다. 사도세자가 죽은 후 어머니 혜경궁 홍 씨와 함께 궁궐에서 외가로 쫓겨났는데 그때도 무척 서럽고 화가 났을 것입니다. 궁궐에 있는 모든 사람들이 밉고 원망스러웠을 것입니다. 부모에 대한 효를 가장 중요시하던 때인 만큼 당시 정조는 속으로 '언젠가는 다시 돌아와 꼭 복수해서 아버지의 원한을 풀어드리겠다.'고 다짐했을지도 모릅니다.
하지만 어머니 혜경궁 홍 씨는 달랐습니다. 슬픔과 억울함과 원

II. 아이들이 말을 하지 않아도 알 수 있다

한으로 가득 찬 마음을 어루만지듯 정조의 손을 두 손으로 꼭 잡고 눈을 마주 보며 '할아버지를 이해해야 합니다. 할머니를 이해해야 합니다. 대신들을 이해해야 합니다.'라고 수도 없이 존조리 말했답니다. 그리고 정조를 궁궐로 다시 들어오라는 명을 한 시아버지 영조를 찾아가서 '옆에 친히 두고 따뜻하게 가르쳐 주십시오.'하고 부탁을 드렸답니다. 그래서 그랬는지 영조는 정조를 지극히 사랑해 주었고, 옆에 두고 학문을 가르치며 백성과 소통하는 법 등을 존조리 알려주었답니다. 그리고 할머니인 영빈 이 씨도 정조를 그렇게 예뻐했답니다. 정조가 이렇게 아버지 사도세자와 달리 할아버지, 할머니, 어머니, 그리고 아버지한테 큰 사랑을 받았던 것은 어머니 혜경궁 홍 씨의 현명함에서 비롯된 것이 아닌가 싶습니다. 사랑도 받아 본 사람이 베푼다고 하죠? 이렇게 가족들로부터 사랑을 듬뿍 받은 정조는 자신이 받은 사랑을 오롯이 백성들에게 돌려주었습니다.

○ 사건을 자꾸 키우지 마세요. 아이를 망치는 행위입니다.

요즘 학부모들, 자녀가 가해 사실을 인정하고 목격 학생들의 진술까지 있는데도 이를 인정하지 않고 자녀에게 '진술서를 이렇게 쓰면 어떡하냐, 이렇게 써야지.'라며 진술서를 고치게 하거나 거짓말을 강요하고서는, '교사가 아이를 옥박지르고 강요해서 그렇게 썼다, 목격 학생들이 피해 학생과 친해서 그렇게 진술했을 것이다.'며 자녀의 잘못을 인정하지 않고 억지를 부리는 경우가 있는가 하면, '문제가 이렇게 커지도록 학교와 담임은 뭐 했느냐?'며 학교와 담임을 탓하며 고소하기도 하고, 꼬투리를 발굴하거나 거짓 진술서를 만들어서 맞신고를 하며 사건을 자꾸 키우는 분들이 있습니다. 그러지 마십시오. '그러면 가만히 당하고 있으라는 말이냐?', '명색이 부모인데 어떻게 한마디 변명도 못해 주느냐?'며 사건을 키우는 부모들이 있는데, 혹시 이런 생각과 행동을 하겠다는 부모님들, 생각을 좀 더 어른스럽게 바꿀 필요가 있습니다. 그러한 행위는 피해 학생을 더 힘들게 하는 2차 가해가 될 수도 있고, 또 자녀가 진심 어린 반성을 할 수 있는 기회를 박탈하고, 자신의 잘못된 행위를 합리화해 버리게 하는 빌미가 되어 자녀를 망치는 행위가 될 수 있기 때문입니다. 나중에 무고로 고소를 당해서 피해 학생이 당한 고통을 고스란히 당할 수도 있습니다.

 그리고 무죄나 법리적으로 다툴 필요가 있을 정도로 억울한 사안이 아니고 단순히 징계 확정을 미룰 요량이면 변호사를 선임해서 대법원까지 가는 소송을 삼가십시오. 피해 학생에 대한 2차 가해 행위가 될 수 있어서 그렇기도 하지만, 학교폭력예방법의 개정으로 실질적인 도움이 되지 못할 것이기 때문입니다.

 앞에서도 말했지만, 개정된 학교폭력예방법에 따르면, 가해 학생

II. 아이들이 말을 하지 않아도 알 수 있다

측이 교육장(학폭위)의 조치 결정에 행정심판이나 행정소송을 청구하면 교육장이 해당 학교와 피해 학생 등에게 통보를 해주어 피해 학생 및 그 보호자로 하여금 가해 학생이 이의 신청했음을 알게 해주고, 행정심판위원회와 법원으로 하여금 가해 학생이 신청한 집행정지 결정 시 피해 학생의 진술을 들어보도록 명문화했습니다(피해 학생의 소송 참여를 법으로 보장해서 보다 공정한 재판이 이루어질 수 있도록 한 것입니다). 그리고 행정소송도 다른 재판에 우선하여 진행하도록 법에 명문화해서 3심까지 7개월 이내에 끝내도록 신설 규정했습니다. 전에는 이러한 규정이 없어서 조치 결정의 확정을 미루어 강제 전학 등을 늦추는 수단으로 활용했지만 이제 학교폭력예방법이 이렇게 바뀌었음을 분명히 숙지하고 이의 신청을 할 것인지 말지를 판단해야 합니다.

'입에 문 혀도 깨문다.'는 속담이 있습니다. 사람인 이상 누구나 실수를 저지를 수 있다는 말입니다. 우리 인간은 누구나 잘못을 저지를 수 있고, 실수를 할 수도 있고, 일탈을 할 수도 있습니다. 중요한 것은 잘못이나 실수, 일탈을 했을 때 변명을 하거나 남 탓을 하며 그 순간이나 상황을 모면하려는 것이 아니라 자신의 잘못을 깨끗하게 인정하고 다시는 같은 잘못을 반복하지 않으려는 마음가짐입니다.
 자녀가 잘못을 저질렀을 때는 자녀가, 역지사지, 즉 피해 학생의 입장에서 자신의 행위를 바라보고 이해할 수 있도록 존조리 이야기를 나누세요. 그래야 반성을 하게 되고 진심 어린 사과를 해서 다시는 같은 잘못을 반복하지 않습니다. 자녀에게 억지나 적반하장식 행동보다는 피해 학생 부모의 아픔과 고통을 공감하고 피해 학생 부모에게 진심 어린 사과를 하는 모습을 보여주는 것이 제일 좋은 가르침입니다.

○ 학교 폭력 인지 감수성을 키우세요

아이가 초등학교 저학년인 경우에는 고등학교를 졸업할 때까지 수년이 더 남아 있습니다. 앞으로 무슨 일이 생길지 아무도 모릅니다. 오늘은 가해자이지만 내일은 피해자가 될 수 있습니다. 그럴 때 조기 발견을 통해 가·피해를 최소화하고 올바른 대처를 하기 위해 성숙한 학교 폭력 인지 감수성을 지니고 키우도록 하세요.

　　　　Ⅱ. 아이들이 말을 하지 않아도 알 수 있다

학교 폭력 인지 감수성이란

▶ 처음에 강사님이 저한테 '학교 폭력 인지 감수성을 지니고 키워야겠다.'고 말씀하셨는데, 학교 폭력의 조기 발견을 위해서 그렇게 말했던 것이었네요?

■ 네 맞습니다. 우리 학부모님들이 학교 폭력 가·피해 사실의 조기 발견을 위해서 학교 폭력 인지 감수성을 지니고 키워야 합니다. 아이의 얼굴 표정이나 말과 행동에서 평소와 다름을 발견하고 학교 폭력 때문에 저럴지도 모른다는 생각을 떠올려야 한시라도 빨리 발견할 수 있는데, 누가 제일 먼저 발견할 수 있겠습니까? 바로 한 집에서 잠자고, 밥 먹고, 아침저녁으로 매일 보는 보호자인 부모가 아니겠어요? 그래서 학부모부터 학교 폭력에 대한 인지 감수성을 지니고 키워야 한다는 것입니다.

▶ 네, 잘 알겠습니다. 그런데 학교 폭력 인지 감수성이 뭐예요? 성 인지 감수성이라는 말은 들어봤지만, 학교 폭력 인지 감수성이라는 말을 학교나 주위 학부모님들한테도, 방송에서도 들어본 적이 없어서요.

■ 아마 그러실 겁니다. 용어 자체가 아직 널리 알려지지 않았고

개념도 정의되어 있지 않았었는데 제가 나름 고민하고 연구해서 만든 것이거든요.

 학교 폭력 인지 감수성이란, 말 그대로 '학교 폭력임을 알고(인식하고) 민감하게 반응하는 성질'을 말하는 것으로, 이해하기 쉽게 좀 더 구체적으로 말씀드리면 다음과 같습니다.

 가해 학생의 경우에는 자기가 하고 있는 말이나 행동이 폭력에 해당함을 알고 학교 폭력에 해당함을 알고 즉시 멈춘 다음, '미안해, 괜찮아? 정말 미안해'하며 사과를 하는 것, 그것도 구차한 변명이나 상대방을 탓함이 없이 깨끗하게 사과하는 것을 말합니다. '학교 폭력은 엄연한 범죄이다. 범죄에는 애 어른이 따로 없다. 무심코 던진 돌에 개구리는 맞아 죽을 수 있다는 속담처럼 장난도 지나치거나 선을 넘는 순간 폭력이 된다.'는 점을 알려주고, 선을 넘었다 싶으면 곧바로 사과하는 것이 올바른 행동이고 도리라는 점을 분명히 가르쳐야 합니다. 그리고 그런 모습을 평소에 보여줘야 합니다. 자녀에게 그렇게 가르치고 정작 부모님이 안 하면, 자기는 옆으로 걸으면서 새끼에게 똑바로 걸으라고 가르치는 가재와 다를 바가 없으니까 그렇습니다.

 피해 학생의 경우에는 자신이 지금 당하고 있는 것이 학교 폭력임을 인지하고, '그만해, 싫어, 네가 나한테 한 것처럼 똑같이 내가 너에게 하면 좋겠어? 그러니까 그만해.'라는 등의 감정표현을

Ⅱ. 아이들이 말을 하지 않아도 알 수 있다

하고, 그런데도 계속 괴롭히면, 직접 응징하지 않고, 지체 없이 신고하는 것을 말합니다.

우리 어른들이 누군가에게 폭력을 당하거나 피해를 입으면 곧바로 112에 신고하거나 고소를 하듯이, 학교 폭력을 당하면 가만히 있지 말고 곧바로 보호자인 나에게 말을 하거나 학교나 경찰 등에 신고를 하라고 가르쳐야 합니다. '샌드백처럼 맞고도 가만히 있으면 그래도 되는 사람으로 여기게 되고 다른 아이들도 너를 그렇게 해도 되는 사람으로 오인하고 괴롭히게 된다. 그러니까 너무 숨지도 말고 피하지도 말고 쫄지도 마라. 그럴수록 가해자는 더 재미있어하고, 폭력의 수위만 더 높아갈 뿐이다. 그래서 부모에게 말을 하거나 신고를 해야 한다. 네가 결코 만만한 사람이 아니라는 것을 보여줘야 한다. 그렇다고 직접 응징하지는 마라. 직접 응징하는 순간 피해자 신분에서 가해자 신분으로 바뀌기 때문이다. 그러니까 부모님에게 말을 하거나 학교 등에 신고를 하라. 부모님께 말을 하거나 신고하는 것을 창피하다거나 찌질한 행위라고 생각지 마라, 부모님께 말을 하거나 신고를 하는 행위는 신성한 법적 권리를 행사하는 것이고, 정말 용기 있는 행동이고, 가해 친구를 위해서도 좋은 일이기 때문이다. 신고를 하지 않으면 자신의 행위가 범죄라는 사실을 모르고 더 큰 범죄를 저지르니까 그렇다.'라는 점 등을 아이들에게 알려주고, 말하고 신고하면 달라질 것이고, 안전하게 지켜줄 것이라는 믿음을 줘야 합니다.

혹시 자녀가 마음이 여리고 내성적이어서 자기감정 표현을 잘 하지 않는 성격이라면, 평소 '아프면 아프다, 싫으면 싫다, 기분이 나쁘면 나쁘다 최소한 그런 티라도 내야 한다. 그렇게 하지 않으면 아무도 모른다. 부모인 나도 모른다. 그래서 도와줄 수가 없다.'는 등의 말을 자주하고, 자기감정을 표현하는 연습을 하도록 분위기나 계기를 만들어 주셔야 합니다. 소리를 지르며 하는 태권도나 검도와 같은 학원에 보내는 것도 한 방법입니다.

목격자의 경우 역시, 피해 학생과 마찬가지로 자신이 목격하는 장면이 학교 폭력에 해당함을 인식하고 폭력 행위를 멈추게 하거나 신고를 하는 등의 행위를 하는 것을 말합니다.

학교 폭력을 심하게 지속적으로 당하는 친구를 보고 외면하는 행위는 큰 상처를 입고 죽어가는 사람을 보고도 외면하는 것과 같은 행위입니다. 학교 폭력을 심하게 지속적으로 당하면서도 신고를 하지 못하고 계속 당하는 친구는 지금 영혼이 파괴되고 죽어가고 있는 상태이기 때문입니다. 그래서 아이들에게 '길을 가다 심장마비를 일으키거나 물에 빠져 죽어가는 사람을 보면 119에 신고하고 심폐소생술을 해서 살리듯이 학교 폭력을 당하는 친구가 있으면 동조하거나 외면하지 말고 신고를 해야 한다. 동조하거나 신고하지 않고 외면하면 방조자가 되기 때문이다.'라고 분명히 가르치고 우리 부모님들부터 학교 폭력 문제에 적극적인 자세로 임하는 모습을 보여줘야 합니다. 이제부터라도 사안이 크든 작든,

Ⅱ. 아이들이 말을 하지 않아도 알 수 있다

학교 폭력을 신고하는 아이들에게, '와, 용감하네. 신성한 법적 권리를 행사했네.' 하고 칭찬하는 분위기가 아이들과 우리 사회에 형성되어야 합니다.

마지막으로 학부모의 입장에서의 학교 폭력 인지 감수성이란, 뒤에서 이야기할 사례들과 같이, 학교 행사에 참석하거나 공원을 산책하거나 길을 걷는 등의 일상생활 속에서 아이들의 행동이 학교 폭력에 해당함을 알고 신고를 하거나 가정 등에서 아이가 말을 하지 않더라도 아이의 평소와 다른 표정이나 말과 행동에서 '혹시 학교 폭력?'이라는 단어를 떠올리고 담담하게 대응해 나가는 것을 말합니다. 가해 학생의 학부모 입장에서는 앞에서 이야기했듯이 가해 학생이 보이는 이상 행동에서 '혹시 학교 폭력?'을 떠올리고 '설마 아니겠지', '사춘기 때는 그럴 수도 있지'라는 생각을 하지 않고 적극적으로 자녀 지도에 임하는 것입니다. 학교 폭력 인지 감수성이라는 말을 오늘 처음 듣는 말이어서 아직 피부에 와닿을 정도로 이해가 되지는 않을 겁니다. 하지만 이어지는 사례들과 이야기를 듣다 보면 자연스럽게 이해되실 겁니다.

먼저 최근 인천에서 있었던 일인데요, 한 학부모가 모 고등학교 행사에 참석했다가 아들이 친구들과 노는 모습을 보고는 '혹시 학교 폭력?'이라는 단어를 떠올리고, 아들한테 휴대폰을 달라 해서 단톡방을 봤는데 글쎄, 단톡방이 아들에 대한 욕으로 도배가 되어 있었답니다. 심지어 다른 아이가 아들의 목을 조르는 영상까지 있었대요. 이를 본 그 학부모님이 깜짝 놀라서 아들에게 어떻게 된 것이냐고 다그치자, 그제서야 아들이 같은 기숙사에서 생활하는 친구들로부터 거의 매일같이 온갖 괴롭힘을 당해 왔다는 얘기를 하더랍니다. 아들의 이야기를 듣는 내내 눈물이 나고 하늘이 무너지는 것 같고 화가나 심장이 터지는 것 같았답니다.

▶ 어머, 같이 기숙사 생활을 하는 아이들끼리 어떻게 그런 끔찍한 일이…. 어쨌든 그때라도 엄마가 발견해서 더 큰 비극을 막은 거네요. 대단하시네요. 학교 행사에 참석했다가 아들과 친구들의 노는 모습에서 학교 폭력을 의심하고 '혹시 학교 폭력?'이라는 단어를 떠올렸다는 것이…. 아, 그러고 보니까 그 학부모님은 학교 폭력 인지 감수성을 지니고 있어서 그런 생각을 떠올릴 수 있었다는 말이네요?

■ 그렇죠. 그 어머니가 학교 폭력에 대한 인지 감수성을 지니고 있어서 그럴 수 있었던 것이죠. 학교 폭력 인지 감수성을 지니고 있지 않았더라면, 여느 학부모들처럼 함께 놀고 있는 아이들이 기숙사 친구들이라는 점 때문에, 단순히 '장난이 좀 심하다', '참 별스럽게들 논다.'는 생각만 하고 그냥 넘어갔을 겁니다. 그렇게 됐으면 얼마 뒤 정말 슬픈 일이 일어날 수도 있었겠죠?

가해 학생들의 부모들도 자기 자녀들이 그런 나쁜 행동들을 하

Ⅱ. 아이들이 말을 하지 않아도 알 수 있다

고 있다는 사실을 전혀 몰랐다는데 그 피해 학생의 어머니 덕분에 더 큰 불행을 막을 수 있어서, 어찌 보면 다행이라 볼 수도 있습니다. 그 가해 학생들의 부모님은 그 피해 학생의 부모님에게 큰절이라도 해야 마땅한데 그렇게 했는지 모르겠습니다. 아마 성숙한 학교 폭력 인지 감수성을 지니고 있는 분들이라면 그렇게 했을 텐데 궁금합니다.

▶ 당연히 감사하다고 했겠죠? 목을 조르는 영상과 욕설로 도배된 카톡이 있는데 설마 신고를 했다고 욕하거나 적반하장식 대응을 했겠어요? 그건 그렇고 학교는, 선생님이나 사감 등 교직원들은 그 사실을 모르고 있었대요?

■ 네, 그 학부모가 학교에 신고를 하니까 학교는 여느 학교처럼 전혀 모르고 있었다며 전수 조사를 실시하겠다고 했답니다. 한마디로 소 잃고 외양간 고치는 격이지 뭐겠어요?

다음 사례는 영희 어머니처럼 저에게 학교 폭력 인지 감수성을 키워야 한다는 이야기를 들은 한 어머니가 저 덕분에 하나밖에 없는 외동딸을 살릴 수 있었다며 해준 얘기인데요, 잘 들어보세요. 영희 어머니한테 당장 도움이 되는 사례가 될 수도 있을 테니까요?

저한테 학교 폭력 인지 감수성에 대한 이야기를 들은 지 석 달

정도 지났을 무렵, 평소에 엄마인 자기한테 장난도 잘 치고 우스개도 곧잘 하던 중학교 2학년인 딸아이가 어느 날부턴가 좀 이상했답니다.

 말수가 적어지고 자꾸 얼굴 마주치는 것을 피하는 것 같고, 좋아하는 반찬을 해서 밥을 먹으라고 해도 배부르다며 방에서 나오지 않다가 나중에 몰래 나와 라면을 끓여 먹기도 하고, 또 뭔가 불안한 모습으로 핸드폰을 손에서 놓지를 않고 계속 울려대는 카톡 소리에 바로바로 답을 하더랍니다. 전화가 오면 화급히 자기 방으로 들어가 조용히 받고요. 잠잘 때 '아야, 아야, 그만해.' 하며 잠꼬대를 하는 것 같기도 하더랍니다.

 그래서 '너 요즘 무슨 일 있니?'라고 물었는데 짧게 '없어' 하고는 자기 방으로 휙 들어가 버리더랍니다. 생각 같아서는 당장 뒤따라 들어가서 '대체 왜 그러냐?'고 다그쳐 묻고 싶었지만 꾹 참고 소파에 앉아 '쟤가 그냥 저럴 애가 아닌데… 말 못할 무슨 일이 있는 게 분명한데…' 하며 딸아이의 며칠 간의 행동을 곰곰이 반추하고 있었는데, 어느 순간 '혹시 학교 폭력?'이라는 단어가 떠올랐답니다. 저한테 들은 학교 폭력 피해 학생이 보이는 이상 행동과 딸아이의 행동이 유사하다는 생각이 들었던 것입니다. 외동딸이라 쥐면 꺼질까 불면 날까 애지중지 키우는 내 새끼가 학교 폭력을 당하고 있을지도 모른다는 생각이 드니까, 심장이 떨리고 머리가 하얘져서 뭘 어떻게 해야 할지 모르겠더랍니다. 그래서 떨리는 가슴을 진정시키려고 숨을 크게 들이마시고 내뱉기를 여

Ⅱ. 아이들이 말을 하지 않아도 알 수 있다

러 차례 했대요. 머릿속은 '어떻게 해야지?'라는 생각뿐이었답니다. 참 다행인 게 그때 제가 말한 '자녀가 학교 폭력 피해를 당하는 사실을 알았을 때의 대처 요령'이 떠올랐답니다.

▶ 아, 아까 제가 메모한 '다그치지 말고 아이가 스스로 당한 사실을 말을 할 수 있도록 분위기를 만들어줘라. 지금 이 순간 가장 힘들고 분하고 억울한 사람은 내 아이다, 흥분하지 마라, 안정을 취하게 하라, 공감하고 위로하라…'라는 말이요? 그다음 어떻게 됐어요? 강사님이 말씀하신 대로 했대요?

■ 네, 영희 어머니처럼 수첩에 적어놨었답니다. 서둘러 그 수첩을 꺼내 읽으며 어떻게 해야 할지를 머릿속으로 그리면서 딸아이가 잠이 들 때까지 기다렸답니다. 그리고 얼마 후 딸아이가 잠이 든 것을 확인하고는 조용히 옷깃을 들추며 목, 팔, 허벅지, 정강이 등을 살폈대요. 그런데 아니나 다를까, 멍과 생채기가 여기저기 나 있더랍니다. 광대뼈 부위에는 멍이 든지 며칠 되었는지 옅은 자국이 있었고요.

▶ 아 어떡해? 그때 어떤 생각이 들었대요? 우리 영희 때문인지 모르겠는데 궁금해 미치겠어요?

■ 솔직히 하늘이 캄캄했답니다. 손이 부들부들 떨리고요. 당장 딸아이를 깨워서 '어떻게 된 거냐? 누가 이랬느냐? 언제부터 괴

롭힘을 당했느냐?'며 다그치고 싶은 마음이 굴뚝같았답니다. 하지만 아까 그 말 '지금 이 순간 가장 힘들고 분하고 억울한 사람은 내 아이다, 안정을 취하게 하라, 공감하고 위로하라…'라는 말 때문에 그렇게 하지 않고 꾹 참으며 속으로 '우리 딸, 힘들어서 어떡해? 그래 일단 푹 쉬어라. 내일은 학교 안 가도 된다. 안 깨울 테니 그냥 푹 자라.'고 말하고는 조용히 딸아이의 방을 나왔답니다. 정말 저한테 들은 말이 아니었으면, 자기 성질에, 그날 저녁 난리가 났을 거랍니다. 6 · 25 때 난리는 난리도 아니었을 거랍니다.

▸ 어떻게 했대요? 알려주신 대로 했대요? 잘 됐대요?

■ 잘됐으니까 저한테 고맙다며 밥도 사주고 그날 있었던 이야기를 해주셨죠. 다음날 딸아이를 깨우지 않았더니 아침 11시가 다 돼서야 일어나더랍니다. 6시 30분에 일어나던 애가 9시, 10시가 돼도 안 일어나 조용히 딸아이 방에 들어갔는데 어찌나 곤하게 자는지 깨울 수가 없었답니다. '얼마나 힘들었으면 저렇게 세상모르고 잘까?' 하고 숨죽여 눈물을 흘렸답니다.

 담임선생님한테 아이가 학교에 안 왔는데 무슨 일 있느냐며 걱정 전화가 오긴 왔는데, 애가 좀 아파서 학교에 못 갔다는 말만 하고 학교 폭력이란 말은 꺼내지도 않았답니다. 영희 엄마도 그렇게 하세요. 아무튼 그 어머니도 좀 의아했던 게 느지막이 일어난 딸아이가 어리둥절한 눈을 하고 거실로 나와서는 '엄마, 무슨 일

Ⅱ. 아이들이 말을 하지 않아도 알 수 있다

있어? 왜 안 깨웠어?' 하고 묻더랍니다.

그래서 '옳다구나, 이때다.' 하고는 달려가 딸아이를 꼭 안고는 "우리 딸 힘들었지, 우리 딸 얼마나 힘들었을까? 명색이 엄마인 나는 아무것도 모르고 있었네, 미안해, 사실 어제저녁 너 잠들었을 때 우리 딸 잘 자나 보려고 네 방에 들어갔다가 너의 몸 여기저기에 멍이 들어 있는 걸 봤어. 그래서 '학교 가는 게 대수냐? 우리 딸이 힘든데.'라는 생각으로 안 깨웠어. 그동안 힘들어서 잠도 제대로 못 잤을 텐데 푹 자라고 안 깨웠지! 그동안 무슨 일이 있었는지 엄마한테 말해 주면 안 될까?' 하고 말했답니다. 딸아이가 어떤 반응을 보였을까요? 딸아이도 엄마를 꽉 껴안더니 '엄마 나 정말 힘들었어, 죽고 싶었어. 미안해, 엄마한테 말도 안 하고 나쁜 생각해서… 미안해.' 하고 엉엉 울더랍니다. 둘은 그렇게 서로 껴안고 한참을 울었답니다.

▸ 강사님, 잠깐만요. 너무 감동적이에요. 눈물이 나요…. 그 다음은 어떻게 됐어요?

■ 어떻게 되기는요? 서로 껴안고 눈물을 흘렸다는 것은 다 잘됐다는 것을 의미합니다. 가해 학생이든 피해 학생이든 말을 하지 않다가 감동의 눈물을 보이고 '미안해'라는 말문이 트이는 순간 서로 공감을 했다는 것이고, 그런 경우에는 거의 모든 사건이 보기 좋게 마무리됩니다.

그렇게 딸아이를 껴안고 한참 운 엄마는 딸아이에게 '다 살자고 하는 건데 일단 밥부터 먹고 병원에 가자, 그리고 나서 어떻게 된 건지 자세히 얘기하자.'고 했답니다. 그랬더니 딸아이가 '맞아 엄마, 다 먹고 살자고 하는 건데 엄마 말대로 밥부터 먹자. 배고파.'라고 말하며 평소처럼 밝게 웃더랍니다. 그 어머니는 제가 상상했던 것 이상으로 정말 잘했어요. 우리나라 부모님들은 정말 마음만 먹으면 못하는 게 없으세요. 단지 어떻게 해야 할지 몰라서 못할 뿐이죠. 그래서 우리 학부모님들에게 학교 폭력 인지 감수성을 지니게 하고 키워드리려는 겁니다. 밥부터 먹자며 웃는 딸아이의 얼굴을 본 그 어머니의 기분이 어땠을까요? 걱정이 싹 가시고 마음이 뿌듯하고 힘이 솟았답니다. 자기가 세상에 하나밖에 없는 딸을 살렸다는 생각에 말입니다.

이후 그 어머니는 제가 말해준 대로 아이와 함께 괴롭힘을 당한 내용을 구체적이고 상세하게 정리하고 진단서, 카톡 화면 캡쳐 등 증거를 수집한 다음, 딸아이와 의논해서 학교에 학교 폭력으로 신고를 했답니다. 가해 학생이 3명이었는데 아무도 만나지 않았고 그 부모들에게도 연락하지 않았답니다. 그리고 경찰에는 신고를 안 했답니다. 딸아이가 '증거도 다 있겠다, 경찰에는 가해 학생들이 하는 것 봐서 해도 늦지 않으니까 일단은 하지 말자.'고 해서 그렇게 했답니다.

▶ 어머 그렇게 해도 돼요?

Ⅱ. 아이들이 말을 하지 않아도 알 수 있다

■ 그럼요, 당연히 되지요. 경찰에의 신고는 사건 발생일로부터 공소 시효가 지나기 전에 하기만 하면 되거든요.

공소시효는 죄명에 따라 다른데, 모욕죄와 명예훼손죄의 공소시효는 5년, 허위 사실을 유포한 명예훼손죄의 공소시효는 7년, 단순 상해죄의 공소시효는 7년, 특수상해죄는 10년, 강요죄의 공소시효는 5년, 단순폭행죄의 공소시효는 5년, 폭행치상죄는 7년, 강제추행죄와 강간죄의 공소시효는 10년입니다. 이 기간 안에 고소해야 형사 처벌을 받게 할 수 있습니다.

가해 학생들뿐 아니라 피해 학생이나 학부모, 교사들 대부분이 졸업하면 형사 처벌도 다 끝나는 것으로 아는데, 그렇지 않습니다. 끝날 때까지 끝난 게 아닙니다. 학교 폭력도 형사소송법상의 공소시효가 적용되기 때문에 그렇습니다. 보통의 학교 폭력은 모두 공소시효가 있고, 그 공소시효 안에 고소를 해야 형사 처벌이 가능합니다. 형사 고소는 고등학교를 졸업한 후 대학에 가서도 할 수 있습니다.

참고로, 학교 폭력으로 학교 등에 신고하는 것은 가해 학생이 고등학교 졸업하기 전까지입니다(사안 처리 절차 등을 감안하면 그보다 더 전이겠지만 이론적으로는 그렇습니다). 고등학교를 졸업하게 되면 학생 신분이 아니어서 그렇습니다. 가해 학생이 학생 신분일 때만 학교 폭력으로 학교에 신고할 수 있거든요.

초등학교 때 당한 것을 중학교에 가서 학교나 교육청에 학교 폭력으로 신고할 수 있고, 중학교 때 당한 것을 고등학교 때 학교 폭력을 당했다고 신고할 수 있습니다(인터넷 등에 학교 폭력은 시효가 없다며 언제고 가해자를 신고해서 처벌할 수 있다고 하시는 분들이 있는데 이는 틀린 말입니다).

▶ 어머, 그래요? 몰랐어요. 방금 말씀하신 공소시효라는 것, 이거 우리 학부모들도 알아야 하겠지만, 특히 학생들에게 알려줄 필요가 있다는 생각이 드는데요? 학교 폭력 예방 및 억제에 큰 효과가 있을 것 같습니다. 그러고 보면…, 생각할수록 그 어머니가 딸아이의 말대로 학교에만 신고하고 경찰에는 신고하지 않은 게 참 잘한 결정일 수 있다는 생각이 드는데요?

■ 그렇죠. 성범죄 피해가 아닌 이상 일단은 공소시효가 최소 5년이나 남아 있고, 이 기간 안에 언제라도 써먹을 수 있는 무기를 내 손에 들고 있는 셈이니까요. 딸아이의 말처럼 가해 학생들이 하는 것을 봐서 언제라도 고소할 수 있잖아요?

▶ 학교에 신고하면 학교가 경찰에 연락해서 경찰이 조사를 하는 거 아닌가요? 형사 처벌을 받게 하고 싶으면 피해 학생이나 보호자가 따로 경찰에 신고를 해야 하나요?

■ 사안에 따라 다른데요, 학교는 성폭력이나 아동학대, 가정폭력을 인지한 경우 즉시 수사기관에 신고를 하여야 합니다. 하지만

그 외의 사안에 대해서는 수사기관에 신고나 통보를 안 합니다(반대로 경찰은 학교 폭력 신고를 받거나 인지한 경우 가해 학생과 피해 학생의 보호자에게 연락함은 물론이고 소속 학교의 장에게도 통보합니다). 그래서 상해나 폭행, 감금, 협박, 모욕, 명예훼손 등의 폭력 사안에 대해서 가해 학생이 형사 처벌을 받기 원하면 공소시효가 지나기 전에 경찰에 따로 신고를 해야 합니다.

▸ 그래요? 몰랐어요. 오늘 공소시효란 것도 알고, 정말 좋은 정보를 들은 것 같아 기분이 엄청 좋습니다. 그다음은 어떻게 됐대요? 학교 폭력 신고 이후에는 어떤 일이 있었대요?

■ 아니나 다를까, 예상했던 대로 가해 학생들이 모두 장난으로 그랬다면서 말로만 반성하는 듯한 태도를 취하더랍니다. 그 부모님들은 담임선생님을 통해 '직접 만나서 이야기하고 싶다.'는 의사를 여러 번 전달해 왔고요. 하지만 딸아이가 원하지 않아서 그러지 않았답니다.

 다행인 것은 딸아이가 아주 씩씩하게 학교를 다녔다는 것입니다. 그렇게 당했으면 겁을 먹거나 주눅이 들어서 학교에 가기를 꺼려 할 법도 한데 그러질 않더랍니다. 그래서 그 어머니가 딸아이한테 물어봤대요, 학교 다니는 것은 괜찮으냐고.
 그랬더니 딸아이가 뭐라고 답했는지 아세요? 선생님이 경찰에도 신고했냐고 물어서 '아직 경찰에는 신고를 안 했는데 한 번만 더 건드리면 그것까지 싸잡아서 고소할 겁니다.'라고 말했답니다. 그 말을 선생님이 가해 학생들과 부모님들에게 그대로 전달을 해서 그랬는지, (좀 보탰겠죠?) 아무튼 가해 학생들이 자기 주변에 오지도 않고 눈길도 안 준다고 말하더랍니다. 다들 겁을 먹은 것 같더랍니다. 그때 경찰에 신고하지 않고 압박용으로 남겨 놓기를 정말 잘했다는 생각을 다시 한 번 했답니다. 신고했다는 이유로 또 다시 괴롭히면 보복 범죄로 행정 처벌인 징계 뿐 아니라 형사 처벌도 가중되거든요. 사실 가해 학생들과 그 부모님들에게 이런 이야기를 해주면 겉으로는 태연한 척해도 속으로는 엄청 겁을 먹습니다.

 그런데 더 놀라운 게 있는데요? 그 어머니가 가해 학생들의 부모와 합의도 하지 않은 상태에서 학폭위에 직접 출석해서 가해 학생들의 선처를 바란다고 진술했다는 것입니다. 이건 저도 생각을 못한 것입니다.

▶ 네? 합의도 안 했는데 가해 학생들을 선처해 주라고 했다고요? 그것도 직접 학폭위에 출석해서요? 왜요? 어떻게 그럴 수가 있죠? 설마 그 어머니 마음대로 그렇게 한 건 아니겠죠?

■ 당연히 딸아이와 충분히 이야기를 나누고 그렇게 했답니다. 오히려 딸아이가 먼저 그렇게 하면 어떻겠냐고 말했다는데요? 어느 날 딸아이가 '엄마 우리가 학폭위에 가서 먼저 선처를 바란다고

하면 어떨까? 우리가 선처를 바란다고 말해 준다고 해서 걔네들이 처벌을 안 받는 것도 아니잖아? 합의서를 써 주는 것도 아니고 그냥 말로 인심 쓰는 거잖아? 그러면 걔네들도 그렇고 그 부모님들도 감동하지 않을까? 나라면 그럴 것 같은데…' 라고 말했답니다. 이 말을 들은 어머니의 기분이 어땠을 것 같으세요? 딸아이가 어떻게 그런 생각을 했는지 기특해서 예뻐 죽을 뻔했답니다. 그래서 그렇게 했답니다.

▸ 와, 그 딸아이가 참 똑똑하네요. 어떻게 그런 생각을 다 했대요? 제 딸이 그렇게 말했다면 아마 저도 딸아이가 기특하고 예뻐서 어쩔 줄 몰라 했을 것 같습니다.

■ 그렇죠. 아마 모든 부모님들이 그러실 겁니다. 그런데 그렇게 합의도 하지 않은 상태에서 학폭위에 직접 나가서 선처를 바란다고 말하자 어떤 일이 벌어졌는지 아세요? 내내 괴롭히지만 않을 뿐 냉랭하게 굴던 가해 학생들이 글쎄, 며칠 뒤 자기 딸아이를 찾아와서 '진짜 미안하고 고맙다.'며 진심어린 사과를 했고, 그 부모님들도 직접 찾아와서 고맙다며 치료비 일체는 물론이고 소정의 위자료까지 주었답니다. 물론 경찰에 신고를 안 해 준 것에 대해서도 무척 고마워했고요. 지금은 아이들도 잘 지내지만 어머니들도 한 달에 한 번 정도 차도 한잔하면서 지낸답니다.

▸ 딸도 구하고, 관계가 더 돈독해졌으니 금상첨화입니다. 정말

잘됐네요. 강사님, 이제 학교 폭력 인지 감수성이 무엇인지, 그리고 우리 학부모들이 왜 학교 폭력 인지 감수성을 지니고 있어야 하는지 확실하게 이해가 됐습니다. 그리고 저도 오늘 집에 가서 잘할 수 있을 거라는 자신감이 생겼습니다.

솔직히 아까는 영희가 학교 폭력을 당하고 있을지도 모른다는 생각에 정신이 아찔하고 심장이 떨렸었는데, 강사님 이야기를 듣고 있다 보니까 '나도 저렇게 하면 되겠구나!' 하는 생각이 떠오르면서 잘할 수 있다는 자신감이 생겼거든요. 감사합니다.

피해 학생의 보호와 상처 치유에
긍정적인 영향을 주는 처벌이 중요하다

▶ 요즘 아이들의 폭력 수위가 장난이 아닌데 옛날처럼 체벌을 할 수가 없으니만큼 모두 엄하게 처벌해야 한다는 목소리가 많은데, 강사님도 모든 학교 폭력 사안에 대해 엄하게 처벌해야 한다고 생각하세요?

■ 아니요. 학교 폭력 사안 전체에 대해 다 엄하게 처벌을 해야 한다고 생각하지 않습니다. 오랫동안 장난감 다루듯 괴롭힌 경우, 수법이 계획적이고 치밀하고 악랄한 경우, 보복 범죄에 해당하는 경우, 성폭행에 해당하는 경우 등과 같이 피해의 정도가 큰 사안

　　　　　Ⅱ. 아이들이 말을 하지 않아도 알 수 있다

에 대해서는 엄하게 처벌을 해서 아이들에게 '엄마 아빠한테 말하고 신고하니까 달라지고 보복도 없고 보호도 받는구나.'라는 믿음을 주고, 모방 폭력을 예방하는 동시에, 피해 학생의 보호와 상처 치유에 긍정적인 영향을 주는 처벌을 해야 한다는 말이지, 동등한 관계에서 일시적이고 우발적으로 일어나거나 피해의 정도가 크지 않은 사안까지 엄히 처벌을 해야 한다고 생각하지 않습니다.

▶ '신고해 봤자 달라질 게 없고 더 큰 보복만 있을 뿐이다.'라는 좌절감과 두려움 때문에 신고를 못하는 아이들에게 용기를 주고 모방 폭력을 예방한다는 점에서 처벌을 엄하게 해야 한다는 말씀에는 동감합니다. 하지만 피해 학생의 보호와 상처 치유에 긍정적인 영향을 주기 위해 엄한 처벌을 해야 한다는 말씀에 대해서는 선뜻 이해가 안 되는데요?

■ 영희 어머니, 2시간 넘게 폭행해서 피해 학생이 뇌 손상이 돼서 의식불명인 채로 병원에 입원해 있고 화해도 이루어지지 않았는데, 학폭위가 그 가해 학생에게 내린 징계 처분이 '출석 정지 5일'에 접촉 및 보복 행위 금지라면 납득이 되시겠습니까? 물으나 마나 납득이 안 가실 겁니다. 다행히도 피해 학생의 의식이 돌아왔다고 칩시다. 피해 학생이 엄마 아빠한테 당연히 묻겠죠? 날 때린 그 친구들은 어떻게 됐냐고요? 영희 어머니가 그 피해 학생의 어머님이라면 사실대로 말할 수 있겠습니까? 사실대로 말하면 충

격을 받을 게 뻔한데.

▸ 그런 경우라면 절대 사실대로 말 못하죠. 그런데 실제 있었던 사례인가요? 그렇다면 정말 말도 안 되는 처벌이네요. 그런 솜방망이 처벌을 받았다는 소리를 들으면 돌아왔던 의식이 다시 나가겠고 상처 치유는커녕 더 악화되겠습니다. 아, 그래서 '피해 학생의 보호와 상처 치유에 긍정적 영향을 주는 처벌을 해야 한다.'고 말씀하셨군요? 그런 논리라면, 어리다는 이유로 처벌을 가볍게 하자고 주장하는 사람들의 명분이 약해질 것 같고, 반면에 어리지만 사안이 중한 만큼 엄히 처벌해야 한다고 주장하는 사람들에게는 아주 좋은 명분이 되겠습니다.

그리고 가해 학생의 선도와 교육 측면에서도 그렇게 하는 게 좋을 것 같습니다. 방금 말씀하신 사례의 경우 가해 학생에게 출석정지를 5일만 할 게 아니라 30일을 한다거나 피해 학생이 깨어날 때까지 무기한으로 했다고 한다면, 그만큼 가해 학생이 반성을 더 오래 할 것 아니겠어요? 반성이라는 것이 처벌이나 징계가 내려지기 전에만 하는 것이 아니잖아요?

■ 반성의 시간이 더 많아지니까 가해 학생의 선도와 교육을 위해서도 좋다는 말씀, 너무 좋은데요? 학교폭력예방법상의 처벌의 목적이 가해 학생의 선도와 교육, 그리고 피해 학생의 보호와 상처 치유거든요. 이 두 가지 목적에 딱 부합하는 것 같아서 좋아

Ⅱ. 아이들이 말을 하지 않아도 알 수 있다

보입니다.

 우리가 범죄에 대해 처벌하는 목적이 첫째는, 처벌을 통해서 또다시 같은 범죄를 저지르지 않도록 하기 위함이고, 둘째는, 처벌을 통해서 다른 일반인들에게 동일 범죄나 유사 범죄를 예방하기 위함이고, 셋째는, 처벌을 통해서 피해자를 위로해 주기 위함인데, 누가 봐도 악랄하고 중한 범죄를 저지른 가해 학생에게 솜방망이 처벌을 하게 되면 어떤 일이 벌어지겠습니까?

 '법 참 우습네, 별것도 아닌데 괜히 쫄았네.', '나도 저렇게 해도 되겠구나!'라는 생각을 하거나 '뭐야, 나는 지금도 이렇게 힘든데 무슨 법이 저래?', '당한 사람만 바보 되는 게 법이구나, 이제부터는 맞느니 때려야겠다. 건들기만 하면 아주 반 죽여버리겠다.'라는 생각을 하지 않겠어요? 그러면 처벌을 하는 목적, 그러니까 반성을 통한 재범 방지도, 유사 또는 동일 범죄에 대한 일반 예방도, 피해자에 대한 위로도 어느 것 하나 달성하지 못하게 됩니다. 그래서 누가 봐도 중한 범법 행위이거나 재범의 위험이 높은 아이들의 경우에는 엄하게 처벌을 할 필요가 있다는 것입니다. 그래야 재범 방지도, 일반 예방도, 피해자 위로도 될 수 있고, 아이들이 법을 믿고 신고를 하게 될 것이고, 엄마 아빠를 믿고 말을 할 수 있을 테니까요.

▸ 맞아요. 어리다는 이유로 솜방망이 처벌을 하는 것만이 능사가

아닌 것 같습니다. 정말 중한 죄를 저질렀거나 재범의 우려가 큰 아이들의 경우에는 엄히 처벌을 해야 할 필요가 있겠습니다. 그리고 요즘 법을 너무 우습게 보는 아이들이 많은 것 같은데, 법이 얼마나 무서운지, 남을 해치거나 괴롭히면 어떤 대가가 따르는지 어려서부터 확실하게 보여주고 가르치는 것이 보다 더 교육적이지 않나 싶습니다. 그리고 소년원이나 소년교도소와 같은 시설에 보내 사회와 격리해야 하는 아이들을 그렇게 하지 않아 피해를 당하는 아이들이 많다는데, 그런 피해 아이들이나 부모의 입장에서 보면 정말 억울할 것 같습니다. 소년원이나 소년교도소에 있었으면 당하지 않았을 피해를 당했으니까 말이에요.

■ 결과론적인 말씀입니다만 상당히 일리 있는 말씀입니다. 왜냐하면 실제 그런 사례들이 종종 발생하고 있기 때문입니다. 최근 스토킹 범죄 등을 저지른 전 모 씨 가해자에 대해 경찰이 신청한 구속 영장을 법원이 기각함으로써 불구속 상태에서 재판을 받던 가해자가 피해 여성을 찾아가 살해한 사건이 발생했다는 뉴스가 있었죠? 그때 유가족들이 구속 영장을 기각한 법원 판사가 원망스럽다며 울분을 토했습니다. 그런데 이런 일이 소년범들의 경우에는 더 자주 일어납니다.

동급생과 후배들을 상대로 폭행과 금품 갈취를 일삼던 촉법 소년들을 법원 소년 재판부가 소년원에 수감하지 않고 집으로 보내

　　　　Ⅱ. 아이들이 말을 하지 않아도 알 수 있다

는 보호처분을 하는 바람에, 그 촉법 소년들이 다시 비행 친구들과 어울려 다니며 술을 마시고, 폭행과 협박을 일삼으며 수십 명의 중학생들로부터 수백만 원 상당의 금품을 갈취했다는 뉴스가 있었는데, 이렇게 세상에 알려진 것은 빙산의 일각에 불과합니다.

▶ 강사님, 촉법 소년 관련 뉴스를 볼 때마다 우리 아이 주변에 저런 아이가 하나라도 있으면 어쩌지? 하는 두려움이 생기는데요, 정말 촉법 소년은 사람을 죽여도 교도소에 안 가나요?

■ 촉법 소년은 형벌 법령에 저촉되는 행위를 한 만 10세 이상 14세 미만의 소년을 말하는데요, 이 촉법 소년들은 아무리 큰 죄를 저질러도 형사 처벌을 받지 않습니다. 사람을 죽여도 교도소에 가지 않는다는 말이죠. 형사법에 따라 재판을 받아야 교도소에 보낼 수 있는데 형사법이 아닌 소년법에 따라 재판을 받기 때문에 그렇습니다. 가장 무거운 처분이 소년원 생활 2년입니다. 전과기록도 남지 않습니다. 중한 범죄를 저지르다 현행범으로 체포되어도 바로 구금하지 않고 보호자와 함께 귀가 조치되었다가, 나중에 (경찰이 가정법원 소년부에 송치한 후) 소년부 판사가 소년분류심사원에 감호 위탁 결정을 하게 되면, 그때서야 구금돼서 사회와 격리됩니다. 그 사이에 또 다른 많은 아이들이 피해를 당할 수 있다는 말입니다. 최근 촉법 소년 사건이 나날이 증가하고 있고, 성범죄와 강도 · 살인 등 흉악범죄도 적지 않을 뿐 아니라 이러한

촉법 소년 제도를 악용하는 사례들도 늘고 있습니다. 그래서 최근 소년법을 아예 폐지해야 한다는 목소리가 나오는가 하면 촉법 소년 연령을 낮춰야 한다는 여론이 들끓고 있습니다.

▸ 수 명의 중학생들이 서울에서 렌트카를 훔쳐 대전까지 운전하고 가서는 오토바이 배달을 하던 대학생 새내기를 치고 도주를 했는데도, 경찰이 곧바로 구속시키지 않고, 보호자와 함께 귀가 조치를 했다는 뉴스를 보고 '경찰이 왜 저랬대?' 하고 어이없어 했는데, 소년법 때문에 그랬던 것이군요? 그건 좀 아니라고 생각됩니다.

■ 문제가 그것만 있는 게 아닙니다. 소년법에 피해 학생과 그 보호자에게 무력감과 분노를 자아내게 하는 규정들이 있는데요, 그중 하나가 촉법 소년은 일반 형사 재판과 달리 재판이 판사, 가해 학생과 보호자, 보조인('변호인'을 소년재판에서는 '보조인'이라 합니다)만 참여해서 비공개로 이루어진다는 것입니다. 일반인은 물론이고 피해 학생이나 보호자가 법정에 들어가려면 사전에 판사의 허가를 받아야 하는데 허가를 거의 안 해줍니다. 일반 형사 재판에서는 검사가 피해자를 대신해서 엄하게 구형을 해주는데 소년 재판에서는 피해 학생 측을 대변해 줄 검사조차 없고, 피해 학생이나 부모가 법정에 가서 판사한테 직접 심정을 호소할 수도 없습니다.

Ⅱ. 아이들이 말을 하지 않아도 알 수 있다

그리고 피해 학생과 보호자를 화나게 하는 다른 하나는 가해 학생의 재판 결과, 그러니까 가해 학생이 어떤 보호처분을 받았는지 알려주지 못하도록 규정되어 있다는 것입니다. 가해자에 대한 법원의 처분 결과를 증거로 민사 소송을 제기하고 싶어도 할 수 없게 되어 있다는 말입니다. 가해 학생의 처분 결과를 알고 싶으면, 일단 민사 소송을 제기한 후 해당 재판부에 사실조회 신청을 해야만 알 수 있도록 되어 있습니다.

▸ 정말요? 그건 아니라고 생각합니다. 아니 무슨 법이 죄를 지은 가해자에 대해서는 금덩이처럼 보호하면서 피해자의 알 권리에 대해서는 그렇게 무시하도록 되어 있대요. 소년법을 아예 폐지해야 한다는 주장에 대해 이해가 안 갔는데 강사님의 말을 듣고 보니까 왜 그런 주장을 하는지 이제 이해가 되는 듯합니다. 강사님은 소년법 폐지 주장에 대해 어떻게 생각하세요?

■ 촉법 소년의 연령 하향 등 소년법 개정이 하루속히 이루어져야 한다고 생각하지, 소년법 자체를 폐지해야 한다고는 생각지 않습니다. 소년법을 폐지해야 한다고 주장하는 분들은 형법과 소년법의 관계를 잘 모르고 다소 감정적으로 하시는 것이 아닌가 싶습니다. 당장 소년법을 폐지하면 14세 미만의 소년범들을 처벌할 수가 없어지기 때문입니다. 형법에는 '14세가 되지 아니한 자의 행위는 벌하지 아니한다.'고 규정되어 있고(제9조), 소년법에는

'형벌 법령에 저촉되는 행위를 한 10세 이상 14세 미만인 소년에 대하여는 소년부의 보호사건으로 심리한다.'고 규정되어 있거든요. 그래서 촉법 소년의 나이를 하향하려면 형법상의 미성년자의 나이도 하향해야 합니다.

소년법은 1958년도에 제정되었는데 지금과 그때의 사회 문화적 배경이 다르고, 아이들의 신체적 · 정신적 능력과 지식 습득량이 다르고, 현재의 소년법이 가해자에 대한 지나친 보호와 배려 위주로 규정되어 있어서 앞에서 이야기했듯이 당하지 않을 수도 있는 억울한 피해를 당할 우려가 크고, 피해 학생과 보호자에게 극도의 분노와 무력감을 야기하고 있는 점 등을 고려해서 이를 해소할 수 있도록 빨리 개정되었으면 좋겠습니다.

▶ 네, 전적으로 동감합니다. 지금 떠오른 건데요? 촉법 소년 때 저지른 죄가 범죄소년일 때 발각되거나 신고를 당하면 어떻게 처벌되나요? 그리고 성인이 되어서 발각되거나 신고를 당하면요? 이야기가 갑자기 삼천포로 빠지는 거 아닌가 싶네요? 호호.

■ 아닙니다. 이래서 대화형 교육이 좋은 거 아니겠어요? 사실 학부모님들이 처벌에 대해 관심들이 많으십니다. 촉법 소년일 때 저지른 범행으로 처벌을 받게 되면 무조건 소년법에 따라 보호처분만 받게 되고 형사 처벌은 받지 않습니다. 범죄소년(만14세 이상 19세 미만) 때 발각되어도 마찬가지입니다. 행위시 법에 의해 처

Ⅱ. 아이들이 말을 하지 않아도 알 수 있다

벌받기 때문입니다. 성인이 되어서 발각되거나 신고를 당하면 처벌을 받지 않습니다. 이미 공소시효가 지나 버리거나 소년법을 적용할 수 없는 성인이 되어 버렸기 때문입니다.

참고로 범죄소년 때 저지른 범행으로 처벌을 받게 되는 경우에는, 사안의 경중에 따라, 소년법에 의해 보호처분을 받을 수도 있고 형사법에 따라 형사 처벌을 받을 수도 있습니다. 촉법 소년이라고 큰소리쳤다가 만 나이가 14세가 며칠 지난 것으로 확인돼 현행범으로 체포되어 구속되었다는 뉴스를 보셨을 텐데요, 그런 경우가 한 예라 하겠습니다. 하루라도 만 14세 전에 저지른 범죄였다면 구속시키지 못했을 겁니다.

혹시 들으셨는지 모르겠는데, 자녀가 촉법 소년에 해당하는 아이들한테 심한 괴롭힘을 당한다는 사실을 알게 된 아빠가, 바로 신고하면 가해 학생들이 촉법 소년이라서 가볍게 처벌되지만, 6개월 후면 촉법 소년에 해당되지 않아 더 엄하게 처벌받을 수 있다는 사실을 알고는, 가해 학생들을 곧바로 신고하지 않고 6개월 동안 자녀와 함께 증거들을 차곡차곡 모은 다음, 6개월 뒤에 저지른 행위와 함께 신고한 경우도 있습니다.

▸ 어머, 진짜 그런 경우가 있었어요? 우리나라에 그런 분이 계셨어요?

■ 아닙니다. 해외에서 있었던 일입니다. 저도 인터넷 기사를 보

고 알았는데, '참 대단한 아빠다.'라고 생각했답니다.

▶ 피해 학부모들이 알아두면 괜찮을 정보네요. 쉽게 이해가 되도록 설명을 해주셔서 감사합니다. 그런데 방금 말씀하신 것들은 소년법 상의 보호처분과 형사법 상의 처벌과 관련된 얘기들인 것 같은데요?…. 혹시 학교에서 가해 학생에게 징계 처분을 내릴 때 좀 더 엄하게, 그러니까 아까 이야기했던 것처럼 '출석정지 5일' 할 것을 피해 학생의 보호나 상처 치유에 도움이 될 수 있도록 하기 위해 30일이나 무기한으로 해도 된다는, 어떤 근거 같은 것이 있을까요?

■ 있습니다. 피해 학생의 보호와 상처 치유를 위해 무기한 출석정지를 해도 된다는 헌법재판소의 결정이 2019년도에 있었습니다. 잠깐 이야기해 보겠습니다.

학교 폭력 가해 학생으로 출석 정지 15일 등의 징계 조치를 당한 고등학교 3학년생이 '학교폭력예방법 제17조 제1항 6호 처분에 해당하는 출석 정지에 기한을 정하지 않았는데, 이는 가해 학생의 학습 자유권을 침해할 우려가 있다.'며 헌법재판소에 위헌 소송을 내자, 헌법재판소가 재판관 9명 중 합헌 의견 7명, 위헌 의견 2명으로 기각했습니다. 출석 정지 기한을 정하지 아니한 학교폭력예방법 제17조 제1항 6호가 헌법에 위배되지 않는다는 말입니다.

Ⅱ. 아이들이 말을 하지 않아도 알 수 있다

기각 이유가 뭔지 아세요? '학교 폭력에 대한 사후 조치는 피해 학생의 보호가 우선적으로 고려돼야 한다…. 출석 정지 기간의 상한을 정하지 않음으로써 구체적 상황에 따라 다양한 조치를 취할 수 있도록 한 것은 피해 학생의 보호 및 가해 학생의 선도와 교육을 위해 바람직하다….' 입니다. 한마디로 피해 학생의 보호를 위해서 무기한 출석 정지 처분을 하는 것은 '가해 학생의 학습 자유권을 침해하는 것이 아니라 가해 학생의 선도와 교육을 위해서도 바람직하다.'는 말입니다. 이 말은 학교 폭력으로 인한 가해 학생의 출석 정지 처분을 15일이 아니라 50일을 해도 문제없고, 이러한 처분에 대하여 가해 학생은 학습권 운운하지 말고 조용히 따르며 반성하라는 의미이기도 합니다.

▸ 정말요? 출석 정지 기간은 무단결석으로 처리되는 것으로 알고 있는데 그러다 출석 일수 미달로 유급되는 거 아니에요?

■ 그렇죠. 출석 정지 기간은 결석 처리되니까 길어지면 수업 일수 미달로 유급이 되겠지요. 그래도 그렇게 하는 것이 피해 학생의 보호에도 좋고 가해 학생의 선도에도 좋다고 판단되면 그렇게 해야 하지 않겠어요? 그래서 지난 2023. 10. 24.에 국회가 학교폭력예방법에 '학교장은 가해 학생에 대한 우선 출석 정지를 심의위원회(학폭위)의 조치 결정 시까지로 정할 수 있다.'는 규정을 신설했는데 가해 학생에 대한 우선 출석 정지를 학폭위의 조치 결

정 시까지로 정하는 학교장이 얼마나 있을지 의문입니다. 학교장이 가해 학생에 대해 긴급 선도 조치 일환으로 우선 출석 정지를 하는 경우 학폭위의 조치 결정이 나기까지 최소 한 달 이상이 걸리거든요.

법을 많이 안 다는 것과
감수성을 지니고 있다는 것은 별개다

▶ 강사님, 좀 이상한 질문이 될지 모르겠는데요? 학교 폭력에 대한 법률 지식을 많이 안다고 해서 감수성을 지니게 되는 것은 아닌 것 같은데, 맞나요?

■ 맞습니다. 학교 폭력 인지 감수성은 단순히 학교 폭력 관련 법이나 규정을 많이 안다고 해서 자연적으로 지녀지는 것이 아닙니다. 말 그대로 '감수성'이고, 감수성은 머리로 이해하고 외우는 것이 아니고 마음으로 느끼거나 몸에 배는 것이잖아요!

▶ 그럼 학교 폭력에 대한 법률 지식을 많이 안다는 것과 학교 폭력 인지 감수성을 지니고 있다는 것은 별개라고 볼 수 있겠네요?

얼마 전 초등학교 저학년 아이가 연필로 같은 반 친구의 눈알을 내리찍어서 큰 수술과 장기간 치료를 하게 했는데 학폭위에서 '눈알을 찍은 아이의 행위가 학교 폭력이 아니다.'라고 결정하자, 피해 학생의 부모가 '이게 학교 폭력이 아니면 뭐가 학교 폭력이냐? 억울하다.'는 내용으로 국민청원까지 냈다는 기사 내용이 떠오르면서 '지식과 감수성은 별개 아닌가?'라는 생각이 들어서 물었습니다. 그런데 강사님은 그게 학교 폭력이 아니라고 생각하세요?

■ 저도 그 기사 유심히 봤습니다. 그 건은 학교의 학교폭력 전담 기구에서 가·피해 학생과 담임교사, 목격한 학생 등을 상대로 사안 조사를 한 다음, 학교 폭력에 해당한다고 판단해서 학폭위에 회부했는데, 학폭위가 이 사안은 '안전사고이지 학교 폭력이 아니다.'라고 결정한 것이죠. 결론부터 말하자면 안전사고와 학교 폭력도 구별 못하는, 학교 폭력 인지 감수성이 일도 없는 사람들이 내린, 아주 잘못된 결정입니다. 그 피해 학생의 어머니가 얼마나 화가 났으면 국민청원까지 냈겠습니까?

문제는 피해 학생이 학교 폭력 피해자로 인정 받기 위한 방법이 행정심판이나 행정소송을 제기하는 것밖에 없다는 것입니다. 간단하게 이의 신청할 수 있는 재심 청구 제도를 없애 버렸거든요. 피해 학생과 가족의 고통을 위로하고 헤아려 줘야 하는 학폭위가 오히려 큰 정신적, 물질적 피해를 준 꼴이 되어 버렸으니 얼마나 어처구니없는 일입니까?

내친김에 법에 대해 많이 안다는 것과 학교 폭력 인지 감수성을 지닌다는 것이 다름을 보여주는 다른 사례를 더 들어볼게요. 현재 경찰도 다르지 않다는 것을 알 수 있을 겁니다. 학교 폭력 사건 관련 뉴스를 유심히 보고 또 관련 사례들을 많이 알고 있으면, 학교 폭력 인지 감수성을 키우는데 아주 큰 도움이 되니까 들어보세요?

 2021년 7월경 광주의 모 고등학교 2학년 남학생이 야산에서 극단적 선택을 한 사건이 있었습니다. 당시 경찰은 타살 혐의가 없다며 단순 자살로 사건을 종결하려 했고, 경찰의 이 의견에 가족들은 어린 아들이 왜 죽었는지조차 모른 채 장례를 치르게 되었습니다. 그런데 발인 하루 전 날 한 학부모가 장례식장에 찾아와서 다음 날 운구를 하기로 한 학생 중 한 명이 아들의 목을 졸라 기절시키는 영상을 보여주며 죽은 아들이 학교 폭력을 당해 왔다는 사실을 알려주었습니다.

 당시 피해 학생의 유족에게 이 영상을 보여준 학부모는 학교 폭력 가해자가 피해 학생의 운구를 하는 것만큼은 막아야겠다는 생각으로 이 사실을 유족에게 알렸답니다. 유가족으로부터 이 사실을 전해 들은 경찰은 그제서야 학교 폭력을 의심하고 수사에 착수했습니다. 혹시 이 뉴스나 방송을 보지 않으셨나요?

▶ 아, 그 가해 학생이 죽은 피해 학생의 운구를 할 뻔했다는 뉴스요? 저도 봤어요. 어떻게 그럴 수가 있대요, 고등학교 2학년밖

Ⅱ. 아이들이 말을 하지 않아도 알 수 있다

에 안 된 애가 어쩜 그렇게 뻔뻔할 수가 있죠?

■ 그 뉴스를 본 거의 모든 국민들이 그런 생각을 했을 겁니다. 그런데, 혹시 이런 생각은 안 해보셨나요? '만약 그 학부모가 유가족에게 죽은 아들이 학교 폭력을 당해 왔다는 사실을 알려주지 않았다면 어떻게 됐을까?' 하는 그런 생각이요?

▶ 어? 그런 생각은 전혀 못했는데요. 가만…, 그 학부모가 유족인 부모에게 아드님이 학교 폭력을 당해 왔다는 사실을 알려주지 않았다면… 부모님들은 영문도 모른 채 장례를 치렀을 것이고, 예정대로 다음 날 그 가해 학생이 시신을 운구했을 것이고, 또 경찰의 수사도 없었을 것이고. 그랬다면 가해 학생은 아무렇지 않게 학교에 다니고 졸업해서 대학도 가고…. 아, 생각만 해도 끔찍한데요? 그러고 보니까 어른도 아니고 어린 학생이 죽었는데, 경찰이 왜 처음부터 죽은 원인이 학교 폭력 때문일지도 모른다는 생각을 안 했대요? 이해가 안 되네요?

■ 그러니까 말입니다. 영희 어머니 말씀처럼 어린 학생이 야산에서 죽었으면 '원인이 혹시 학교 폭력이 아닐까?'라는 의심을 품고 학교나 교육청에 학교 폭력 전수 조사를 의뢰하고, 죽은 학생이 쓰던 컴퓨터나 핸드폰, 공책, 일기장 등도 살펴보고 했어야 하는데, 왜 그런 것을 하나도 하지 않고 그냥 단순 자살로 사건을 종결지으려 했을까요? 왜 꼭 유족이나 제 3자가 증거를 가져다주면

그때서야 수사를 한다며 호들갑을 떠는 걸까요? 그 이유에 대해서는 사례를 하나 더 말하고 답하겠습니다. 이 사건과 같이 우리나라 경찰이 학교 폭력에 대해 어떤 시각을 가지고 있는지 단적으로 보여주는 것이니까요?

얼마 전 일산 시내 번화가에서 낮에 중학생 남녀 5명(남학생 3명, 여학생 2명)이서 한 남학생을 괴롭히는 사건이 있었는데요, 덩치가 큰 남학생이 덩치가 작은 한 남학생을 뒤에서 헤드락을 걸어 숨을 못 쉬게 하고, 다른 한 여학생이 목 졸림을 당하고 있는 남학생의 성기 부위를 만지는 사건이었습니다.

이 장면을 한 시민이 촬영을 하고 경찰에 신고를 했는데 신고를 받고 출동한 파출소의 경찰이 어떻게 했는지 아세요? 가해 학생들이 '장난으로 그랬다.' 하고, 피해 학생도 '장난이 맞다.'고 진술하고, 피해 학생의 부모가 '처벌을 원하지 않는다.'고 답했다며 수사를 더 이상 진행하지 않고 있었답니다.

▶ 정말요? 경찰이 그렇게 해도 되는 거예요?

■ 당연히 경찰이 그러면 안 되죠. 법을 모르는 일반인이 상식적으로 생각을 해봐도 그러면 안 되는 겁니다. 영상을 보면 덩치가 큰 남학생이 걸고 있던 헤드락을 풀자 덩치가 작은 피해 학생이 픽 쓰러졌고, 더구나 그렇게 심하게 목 졸림을 당하면서 여학생에

　　　　Ⅱ. 아이들이 말을 하지 않아도 알 수 있다

게 속수무책으로 강제추행까지 당했는데…. 그런 사건은 피해자가 합의를 해주고 처벌을 원하지 않는다는 탄원서를 제출해 줘도 가해자들을 신속히 조사해서 처벌을 해야 되는 그런 중범죄에 해당하기 때문입니다.

▸ 그런데 경찰이 왜 그랬대요?

■ 그것은 아이들의 '장난'이라는 말에 '그냥 애들끼리는 장난으로 그럴 수도 있지 뭐!'라 생각하고 대수롭지 않게 여겼기 때문이지 왜 그랬겠어요? 학교 폭력을 바라보고 이해하는 시각이 '애들은 맞기도 하고 때리기도 하면서, 싸우며 크는 거다.'라는 30년 전 사고, 그대로라는 것이지요.

문제는 또 있습니다. 정말 경찰이 장난이었다는 말에 사건을 가볍게 처리하려 했다면, 이는 다른 사람도 아닌 경찰이 어린 가해 학생들에게 앞으로도 계속 그런 행위를 해도 된다는 아주 잘못된 인식을 심어줄 수도 있다는 것입니다.

가해 학생들이 어떤 생각을 하겠습니까? '아, 길거리에서 그것도 백주대낮에 누군가의 목을 졸라 기절시키고 성추행을 해도 장난으로 그랬다고 말하니까 경찰이 그냥 넘어가는구나!' 하는 생각을 하지 않겠습니까? 그럼 또 어떻게 하겠어요? 다른 아이들한테도 그렇게 하고 피해 학생에게 '장난으로 한 게 맞다.'고 거짓 진술을 하도록 협박을 하거나 강요를 하지 않겠습니까? 이게 학교 폭력을 예방해야 할 경찰이 학교 폭력을 조장하는 것이 아니고 뭐겠습니까?

▶ 아, 듣고 보니 아직 어린 가해 성향의 아이들에게 아주 잘못된 신호를 줄 수도 있겠다는 생각이 드네요. 강사님, 그런데 이 사건이 어떻게 세상에 알려졌어요? 보복이 무서워서 그랬는지 몰라도 피해 학생의 부모가 처벌을 원하지 않는다고 했다고 하니까, 그 피해 학생의 부모에 의해서 세상에 알려지지는 않았을 것 같은데요?

■ 네, 알려진 경위가 좀 특이합니다. 제 추측에는 학교 폭력 장면을 촬영하고 신고한 분 같은데, 아무튼 그 영상이 맘카페와 SNS에 올라왔고 그 영상을 본 다른 분이 국민 청원 게시판에 '중학생 10대 기절시키고, xx 만지는 집단 괴롭힘'이라는 제목으로 '명백히 학교 폭력으로 보이는데도 보복에 두려운 피해 학생이 장난이었다고 말해서 무마된다면 실제 폭행을 당하거나 성추행을 당한 학생들이 더 밖으로 이야기하지 않을 것이다. 제발 아이들의 미래를 위해 무엇이 진짜 피해인지 헤아려 달라.'는 내용을 올려서 세상에 알려졌습니다.

▶ 아, 그랬군요? 어쨌든 학교 폭력 장면을 촬영하고 경찰에 신고한 분과 국민청원을 내신 분 모두 대단하시네요. 경찰에 대해서는 '믿어도 되나?' 하는 생각이 들면서 답답해지고요.

II. 아이들이 말을 하지 않아도 알 수 있다

■ 저도 그렇습니다. 방금 말한 사례 외에도 유가족이 자녀가 왜 죽었는지조차 모른 채 장례를 치른 후, 유품을 정리하다가 학교 폭력이 의심되는 흔적을 발견하고 '죽은 내 아이가 학교 폭력을 당해서 죽은 것 같으니 제발 다시 수사해 달라.'고 진정을 내거나 하소연을 해서 재수사를 한 경우들이 많습니다. '학교 폭력은 더 이상 장난이 아니다. 정말 심각하다.'라는 점을 온 국민에게 알렸고, 경찰이 나서서 학교 폭력과의 전쟁을 선포한 계기가 된 2012년 12월 대구 중학생 자살 사건도 경찰이 학교 폭력을 의심해서 수사를 한 것이 아니고 부모님이 유서를 발견해서 경찰에 수사를 의뢰하고 언론에 알려서 수사가 진행됐습니다. 그런데 10년이 훨씬 지난 지금도 경찰이 그러고 있으니 어이가 없고 답답합니다.

▶ 그러게요. 그리고 보니까 학교 폭력 인지 감수성, 이거 학부모뿐만 아니라 경찰, 아니 모든 국민이 지녀야 할 정말 중요한 품성 내지 인성 같다는 생각이 듭니다. 그런데 학교 폭력이 나날이 심각해지고 있다고 하면서 왜 정부나 방송은 물론이고 학교나 교육 당국에서조차 학부모들부터 학교 폭력 인지 감수성을 지녀야 한다거나 키워야 한다는 말이 한 번도 나오지 않는 거예요?

■ 그것은 정부나 교육 당국이 학교 폭력 문제에 대해 기존의 패러다임에 갇혀서 다른 각도나 시각에서의 고민이나 연구 등을 등한시했기 때문이 아닌가 싶습니다. 사실 학교 폭력 인지 감수성이

라는 용어와 개념도 제가 성폭력 예방 교육을 준비하다가 성인지 감수성을 공부하고 이해해서 만들어낸 것입니다. 지금 '성폭력 예방 교육'이라는 말 대신에 '성인지 교육'이나 '성인지 감수성 교육'이라는 말로 성폭력을 줄이는 노력을 하고 있듯이, 학교 폭력도 감수성으로 접근해서 '학교 폭력 인지 감수성 함양 교육'이라 말하고 실시하면 여러모로 좋겠다는 생각이 들어서 고민을 하기 시작했거든요.

▶ 저도 '학교 폭력 예방 교육'이라는 말보다 '학교 폭력 인지 감수성 함양 교육'이 훨씬 듣기 좋은데요. '학교 폭력 예방 교육'은 뭔가 딱딱하고 식상하다는 느낌이 들지만, '인지 감수성 함양 교육', 하니까 왠지 고상하고 한 차원 높은, 꼭 들어야 하는 인성 교육이라는 생각이 듭니다.

■ 맞습니다. 학교 폭력 인지 감수성 함양 교육은 인성 교육이고 품성 교육입니다. 학교 폭력이 뭐냐고 물으면 한마디로 답할 줄 아는 분들이 적은데, 학교 폭력이 무엇이고 저지르면 왜 나쁘고 안 되는지를 분명히 이해시키고 알려주는 교육이기 때문에 그렇습니다. 그런 점에서 학부모뿐 아니라 우리 아이들에게도 꼭 필요한 교육이기도 합니다. 자기가 하는 말이나 행동이 폭력에 해당함을 모르고 저지르거나 안다고 하더라도 자신의 폭력적인 행위가 어떠한 후폭풍을 일으킨다는 사실을 모르고 저지르는 경우가 많

II. 아이들이 말을 하지 않아도 알 수 있다

고, 그러한 아이들이 성인이 되어서도 여전히 폭력을 일삼는 경우가 많기 때문입니다.

아이 싸움이 어른 싸움 되게 하는
현재의 학교 폭력 예방 교육

■ 영희 어머니, 아이 싸움이 어른 싸움이 된다는 속담 아시죠? 요즘 학교 폭력이 그렇습니다. 사례를 하나 들어볼게요.

체구가 작은 초등학교 3학년 아들(A)로부터 덩치가 큰 같은 반 남자아이(B)가 자꾸 놀리며 괴롭힌다는 말을 들은 어머니가 '어떻게 하는 게 좋을까?' 하고 고민하고는, 다음날 아들을 괴롭힌다는 B를 찾아가서 화난 표정을 하고서 '내가 누구 엄마인데 네가 우리 아들을 놀리고 괴롭힌다며! 한 번만 더 우리 아들을 괴롭히면 경찰에 신고할 테니까 하지 마!'라고 말했답니다. 그런데 B가 부모님한테 그 사실을 이야기했는지 그 아이의 아빠가 '자기 아이가 A의 부모에게 협박을 당했다.'는 내용으로 학교에 학교 폭력으로 신고하고, 경찰서에 아동학대로 고소까지 했답니다.

▶ 어머, 진짜예요? 어떻게 자기 아이가 가해자인데, 그건 쏙 빼고 학교 폭력으로 신고를 하고 또 경찰에 고소까지 할 수 있어요? 그게 말이 돼요? 결과는 어떻게 됐어요?

■ 결과가 어떻게 됐는지가 중요한 게 아니라 '왜 그런 일이 벌어지게 됐을까?'가 중요하지 않을까요? 다들 애 키우는 부모님들이고, 더구나 같은 반 학부모님들인데, 일어나서는 안 되는 안타까운 일이잖아요. 문제는 다음과 같은 내용을 학부모들에게 제대로 알려주지 않아서 학교 폭력이 학부모들에 의해 만들어지고 복잡해지고 있는 것입니다. 잘 들어보세요.

먼저 A의 어머니는, 자기 아들이 B에게 당하는 행위가 학교 폭력이라는 사실은 아는데 자신이 B에게 하려는 '겁을 주는 행위'가 학교 폭력에 해당할 수 있다는 점을 모르고 있었습니다. 가해 학생을 직접 만나 겁을 주는 행위는 학교 폭력에 해당할 수 있음은 물론이고 형법상의 협박죄나 아동복지법상의 정서적 학대로 처벌(5년 이하의 징역 또는 5천만 원 이하의 벌금)을 받을 수도 있습니다. A의 어머니는 학교와 경찰서를 오가며 '아직 뭘 모르는 어린애들이어서 신고를 않고 좋게 해결하려고 그랬던 것이다. 앞으로 괴롭히지 말고 서로 잘 지내라는 의미로 그랬는데 그게 무슨 학교 폭력이고 아동학대냐?'며 하소연을 늘어놓아야 했습니다. 완전히 주객이 전도된 모양새가 되어 버렸지요. 결국 A의 어머니는 B에게 서면 사과를 해야 했습니다.

우리나라에서 육아에 관한 한 최고라고 명성을 떨치고 있는 오모 박사님이 방송에서 '내 아이가 학교 폭력을 당하면 가해 학생을 찾아가서 단단히 훈계하라.'는 식으로 말해서 그렇게 알고 계

Ⅱ. 아이들이 말을 하지 않아도 알 수 있다

시는 학부모들이 많은데요, 그러한 행위는 방금 이야기한 것처럼 아동학대범으로 몰릴 수 있는 아주 위험한 행동이니까 절대 그러시면 안 됩니다.

▸ 아, 그래서 아까 강사님이 좋은 뜻에서라도 가해 학생을 선의로라도 직접 만나서 겁을 주거나 혼내는 행위를 하지 말라고 하셨던 것이네요? 그렇죠?

■ 맞아요. 이런 생각지도 못한 일격을 당하는, 정말 어처구니없는 경우가 벌어질 수 있기 때문입니다.

이어서 B의 아빠는, 자기 아들의 행위가 학교 폭력에 해당하지만, A의 학부모의 행위도 학교 폭력에 해당할 수 있을 뿐 아니라 그보다 형량이 훨씬 센 아동학대로 신고할 수도 있다는 것을 알고는, 상황을 유리하게 만들기 위해서, 자기가 먼저 학교에 학교 폭력으로 신고하고 경찰에 형사 고소까지 한 것 같습니다. 한마디로 선방을 날린 것이죠. B의 아빠는 변호사나 법조계에 있는 분이 아닌가 싶을 정도로 법에 대해 잘 아는 분 같습니다.

그러나 B의 아빠가 미처 모르는 게 있었는데요, 그건 바로 자신의 그러한 행위가 다른 학부모들이나 같은 반 다른 아이들에게 '나 이런 사람이야, 그러니까 내 아이가 무슨 짓을 해도 건들지 매!'라는 경고나 협박으로 비쳐질 수도 있다는 사실을 말입니다.

실제 이러한 내용이 선생님들뿐 아니라 학부모들과 학생들에게까지 다 알려져서 B가 전교생으로부터 왕따를 당하기 시작했거든요. B의 아빠는 A의 어머니가 서면 사과를 하고 경찰서에서 쩔쩔 매는 것을 보고 아마 우쭐해했을 겁니다. 하지만 그 일로 자기의 토끼 같은 아들이 전따('전교생 왕따'의 줄임말)를 당하게 되었으니 이를 어찌합니까? 결국 B의 가족은 조용히 다른 지역으로 이사를 갔고 B도 전학을 갔답니다. 세상 참, 요지경이죠?

▶ 그렇기는 하지만, 속으로 '쌤통이다!' 했는데요? 호호.

■ 하하, 이 사례를 이야기해 주면 다들 그런 식으로 말합니다. 이 사례에서 우리 학부모님들이 알아야 할 중요한 것이 하나 더 있는데요, 특히 초등학교 학부모님들이 반드시 알아둬야 할 게 '오늘은 내 아이가 피해자(가해자)이지만 내일은 내 아이가 가해자(피해자)가 될 수 있는 게 학교 폭력이다.'라는 점입니다. 이 사례는 가해자였던 남자아이(B)가 아빠로 인해 피해자로 전락되었지만, 아이들의 경우 짧은 간격에도 피해자와 가해자가 순식간에 뒤바뀔 수 있다는 말입니다. 오전에 학교에서 같은 반 친구에게 놀림을 당한 학생(A)이 방과 후에 그 놀린 친구(B)를 불러내 '왜 다른 친구들 앞에서 놀렸냐?'며 뺨을 한 대 때렸는데, 이를 안 A와 B의 학부모가, 원만히 해결할 생각은 하지도 않고, 변호사부터 선임해서 자존심 싸움을 하는 경우가 있었습니다. 이게 다 학교 폭력 예방 교육을 잘못해서 벌어지는 일입니다.

II. 아이들이 말을 하지 않아도 알 수 있다

Ⅲ. 왜

학교 폭력 인지 감수성을 키워야 하는가

내 아이와 가정은 내가 지켜야 한다

-학교와 경찰이 내 아이를 지켜줄 것이라는 생각은 착각이다-

■ 영희 어머니, 학교나 경찰이 학교 폭력으로부터 내 아이를 미리 알아서 잘 지켜줄 거라고 생각하시나요? 아닙니다. 그렇게 생각하신다면 착각입니다.

학교와 경찰은 사건이 터지거나 신고를 하면 그때서야 조사를 하고 처벌을 하는 사후약방문, 소 잃고 외양간 고치는 곳입니다. 미리 알아서 우리 아이들을 학교 폭력으로부터 안전하게 지켜주는 그런 곳이 아닙니다.

'왜 모르고 있었느냐? 아이가 이 지경이 되도록 어떻게 모를 수가 있느냐?'라고 화를 내지도 못합니다.

'애가 말을 안 하는데 우리가 어떻게 아느냐?', '우리보고 하루 종일 당신 애만 지켜보고 있으라는 것이냐?', '그러는 당신은? 한 집에서 잠자고 밥 먹고 생활하는, 부모인 당신은 왜 몰랐는데!' 라고 하면 할 말이 없기 때문입니다.

▶ 막상 그렇게 말하는 사람은 없겠지만 맞는 말이네요. 어린아이들이 놀며 티격태격하다가 생긴 작은 피해라면 몰라도, 아주 심한

Ⅱ. 아이들이 말을 하지 않아도 알 수 있다

학교 폭력이면, 아까 얘기하신 것처럼, 학교는 '몰랐다, 미안하다.' 고만 반복할 것이고, 경찰은 부모가 증거를 가져다주지 않으면 단순 자살로 사건을 종결해 버릴 것이고, 왜 죽었는지 영문도 모른 채 장례를 치른 후 나중에 유품 정리하다가 죽은 원인이 학교 폭력 때문이었음을 알게 되면 더 미칠 거 같고…. 아, 그래서 학교 폭력 인지 감수성을 지니는 것이 내 아이와 가정을 지키는 것이라고 말씀하셨군요? 큰일이 벌어지기 전에 아이의 평소와 다른 행동이나 기색을 보고 학교 폭력 때문에 저럴지도 모른다는 생각을 해서 비극을 미연에 예방할 수 있으니까요.

■ 그렇죠, 아무것도 모르고 있다가 어느 날 갑자기 큰일이 터져 버리고 나면 누구를 탓한들 무슨 소용이 있겠습니까? 고통과 분노는 오롯이 부모의 몫입니다.

 눈에 넣어도 아프지 않을 사랑스런 내 아이가 학교 폭력으로 어느 날 갑자기 사라졌다고 생각해 보세요? 희망이고 살아가는 재미이고 삶의 원동력인 하나밖에 없는 자식이 사라졌는데 어디 제정신으로 살아갈 수 있겠습니까? 엄마는 집 밖을 나가지도 않고, 온종일 넋이 나간 사람처럼 멍하니 앉아 있기가 일쑤고, 아버지는 술을 마시지 않고는 잠을 잘 수가 없답니다. 그렇게 가정이 아주 풍비박산 납니다. 그래서 학교 폭력이 무서운 것이고, 우리 학부모들이 학교 폭력 인지 감수성을 지니는 것이 '내 아이와 가정을 지키는 것이다.'라는 말입니다. 아이의 안전이 곧 부모의 안전이고 가정의 안전이잖아요.

▸ 네, 그런 일이 생기면 저라도 제정신에 못 살 것 같습니다. 더구나 요즘은 초등학생 절반 이상이 외동이라는데, 학교 폭력으로 아이가 극단적 선택을 하거나 우울증이나 외상 후 스트레스 장애를 가지게 되면?…. 정말 가정이 온전치 못하겠습니다. 학교 폭력 인지 감수성을 지녀서 학교 폭력을 미리 예방하거나 조기에 발견하는 것이 내 아이와 가정을 지키는 것이 맞네요.

■ 참 영희 어머니, '학교 폭력 삼촌 패키지'라는 말 들어보셨어요?

▸ 학교 폭력 삼촌 패키지요? 처음 듣는 말인데 그게 뭐예요?

■ 모르고 계셨군요? 전 알고 계신 줄 알았어요. 학교 폭력 인지 감수성이라는 말은 처음 들어도 학교 폭력 삼촌 패키지라는 말은 들은 적이 있다는 분을 종종 봤거든요. 학교 폭력 삼촌 패키지는 흥신소와 같은 심부름센터에서 자녀가 학교 폭력 피해를 당한 부모들을 대상으로 학교 폭력 문제를 해결해 주겠다며 수십만 원에서 수백만 원에 이르는 돈을 받는 것을 말합니다.

▸ 그런 것도 있어요? 어떻게 해결해 주는데 그렇게 많은 돈을 받

Ⅱ. 아이들이 말을 하지 않아도 알 수 있다

아요?

■ 검정 양복에 깍두기 머리를 하고 팔뚝 등에 문신을 한 건장한 체구의 사람을 가해자한테 보내서 '너가 내 조카를 괴롭힌다며? 내가 걔 삼촌인데 다시는 그러지 마라.', '나는 법 모른다. 그냥 주먹만 알지!'라는 식으로 겁을 줘서 다시는 못 건드리도록 해서 문제를 해결해 준다고 합니다. 심지어 '대신 때려드립니다.'라는 광고를 온라인에서 버젓이 하는 곳도 있습니다.

▶ 주먹이 법보다 가깝다는 말이 있듯이 효과는 제일 빠를 것 같은데, 그것은 불법 아니에요?

■ 당연히 불법이죠. 어떻게 이런 광고를 하게 됐느냐고 물어봤는데, 촉법 소년이나 노는 애들이 경찰이고 나발이고 다 안 무서워하는데 조폭만은 무서워하기 때문에 그게 먹힌답니다. 걔네들은 법은 무서워하지 않지만 주먹은 무서워한다면서 '누구네 삼촌이 조폭이래!'라고 소문나면 아무도 안 건드린다고 말합니다.

▶ 그럴듯하게 들리는 말이기는 한데, 그렇다고 불법인 줄 알면서 그런 곳에 많은 돈을 주고 맡기는 학부모가 있대요? 한편으로는 오죽하면 그러겠나 싶기도 하지만요.

■ 그 사람들의 말로는 새 학기 초에 의뢰하는 학부모들이 더러

있답니다. 그런데 이게 문제인 게 조폭이라며 학생들에게 겁을 주는 행위 자체가 학교 폭력에 해당되고, 형법이나 아동복지법으로 처벌될 수 있다는 것입니다. 아무리 점잖게 말한다고 해도 말입니다. 절대 하시면 안 됩니다. 만약 상대 학생의 부모가 고소를 하게 되면 교사범으로 처벌받을 수 있습니다.

▶ 네, 그런 불법 행위가 버젓이 우리 학교 주변에서 벌어지고 있다는 것 자체가 슬프네요. '얼마나 불안하고 화가 나면 그럴까?' 하는 생각도 들지만요.

■ 그렇죠, 참으로 안타까운 현실입니다. 피해 학생에 대한 학교와 경찰의 사전 또는 사후 보호가 제대로 이루어지지 않고 있음을 적나라하게 보여주는 단적 증거가 아닌가 싶습니다. 어찌됐든 우리 아이들이 학교 폭력으로부터 안전한 사회가 하루빨리 왔으면 좋겠습니다.

▶ 정말 그런 세상이 빨리 왔으면 좋겠습니다. 그런데요, 지금 깍두기들까지 나서서 학교 폭력으로부터 자녀를 안전하게 지켜주겠다는 웃픈 일들이 벌어질 정도로 학교 폭력 문제가 심각한데 왜 학교에서는 학교 폭력 예방 교육을 제대로 하지 않죠? 강사님 같은 분한테 우리 학부모들도 그렇지만 아이들도 직접 강의를 들으면 좋을 것 같은데요?

　　　　　Ⅱ. 아이들이 말을 하지 않아도 알 수 있다

■ 하하, 감사합니다. 사실 중학생들을 모아놓고 강의를 하면 대부분이 잔답니다. 그래서 중2병에 걸린 아이들을 대상으로 하는 강의는 너무 힘들어서 못해 먹겠다는 분들이 많습니다. 하지만 (제 자랑 같지만) 제가 하면 자는 아이들이 거의 없습니다. 얼마 전 수원의 모 중학교에서 중학교 2학년 아이들 200여 명을 시청각실에 모아놓고 학교 폭력 예방 대면 강의를 했는데 자는 학생이 거의 없었고, 강의가 끝난 후 아이들에게 내년에도 와달라는 얘기까지 들었거든요.

 그건 그렇고, 학교에서 (제대로 된 강사를 초빙해서) 학교 폭력 예방 교육을 제대로 하지 않는 이유는 학교장과 교감이 학교 폭력에 대해 잘 모르고 있고, 학교 폭력 신고가 많으면 골치 아프다고만 하지, 예방 교육을 소홀히 생각하는 경향이 있기 때문입니다. 제가 왜 그렇게 말하는지는 학교 폭력 담당 책임교사들에게 물어보면 단박에 알 수 있습니다. 돈이 없어서 강사를 초빙해서 1시간 이상의 제대로 된 교육을 하지 못한답니다. 그래서 아이들에게는 TV를 시청하게 하는 것으로 하고, 학부모들에게는 가정 통신문으로 대체한답니다. '학교 예산이 얼마인데, 수백만 원도 아니고 기십만 원의 강사비가 없어서 저런 말을 하지?', 도무지 이해가 되지 않았는데, 얼마 전 '관리자의 마음 가는 곳, 관리자가 관심을 두고 있는 곳에 우선적으로 쓰이는 게 예산이다.'라는 말을 듣고 학교 관리자인 학교장과 교감의 학교 폭력 예방 교육에 대해 별로 관심이 없어서 교육을 등한시하고 있다고 말하는 것입니다.

 하지만 앞으로는 좀 달라지지 않을까 생각합니다. 왜 그렇게 생각하느냐? 앞에서도 잠깐 말했지만, 지난 2023. 10. 24. 학교폭력예방법에 교육감으로 하여금 학교장과 교감에게 매년 1회 이상 하도록 하는 규정을 신설했거든요. 의무적으로 말입니다. 학교장과 교감에게 학부모, 학생, 교직원들에 대한 교육을 제대로 하지 않으면, (지금처럼 형식적으로 하면) 어떤 일이 발생하는지 등 학교 폭력 예방 교육의 중요성을 피부로 느끼게 하는, 그런 교육을 실시한다면 달라질 것이라고 확신합니다.

 그런데 문제는 법으로 어떤 의무를 부여했다고 해서 세상이 바뀌는 게 아니라는 점입니다. 학교 폭력도 그래요. 학교폭력예방법으로 학교장에게 학기별로 1회 이상 학생, 학부모, 교직원에게 학교 폭력 예방 및 대책에 관한 교육을 하도록 의무화했음에도 줄어들기는커녕 오히려 늘고 있잖아요? 예방 교육을 몇 시간 이상, 어떻게 실시해야 한다고 구체적으로 규정하지 않고 있다는 이유로 달랑 10여 분을 하거나, 가정 통신문으로 대체하고서 예방 교육을 실시했다고 교육청에 보고하고, 이러한 보고를 받은 교육감은 그런 줄 알고 있는 게 현실이잖아요. 제 욕심일지 모르지만, 그래서 시행령으로라도 학기마다 몇 시간 이상을 어떻게 하라고

II. 아이들이 말을 하지 않아도 알 수 있다

구체적으로 규정할 필요가 있습니다. 그래야 눈 가리고 아웅 하는 식의 형식적 교육을 막을 수 있습니다.

민방위 교육장, 지방자치단체, 기업체 등에서도
학교 폭력 인지 감수성 함양 교육을 실시해야 한다

▶ 빨리 좀 그렇게 돼서 1시간 이상의 제대로 된 교육을 받았으면 좋겠습니다. 그것도 대면 교육으로요. 요즘 직장인들이 많은 교육을 이수해야 한다며 인터넷 수강을 하는 분들이 많은데 사실 제대로 듣는 사람들이 없거든요. 우리 애 아빠도 그래요. 그래서 비대면 강의는 별로 효과가 없다는 게 제 생각입니다.

강사님 그런데요, 학생과 교사들에 대한 교육이야 학교의 교실이나 강당에서 하면 되지만, 학부모들에 대한 교육은 문제가 있다는 생각이 듭니다. 듣고 싶어도 직장 관계로 참석하지 못하는 분들이 많기 때문입니다. 엄마뿐 아니라 아빠들도 다 들어야 하잖아요? 특히 아빠들은 아이가 맞고 오거나 누군가를 때렸다고 하면 화부터 내는 경우가 많은데… 어떻게 해야 할까요?

■ 좋은 질문입니다. 먼저 주위에 직장 생활을 하시는 학부모들이 있으면 그분들에게 '학교 폭력 예방 교육을 제대로 받아 본 적이 있는지' 물어보세요? 아마 거의 모두가 그런 적이 없다고 답할 것

입니다. 이게 학부모에 대한 학교 폭력 예방 교육의 현주소입니다. 학교 폭력에 대해 잘 알고 있을 것 같은 교육청이나 교육부, 법무부, 법원, 경찰 등에서 근무하는 학부모들은 잘 알까요? 제가 수도 없이 물어봤는데, 다들 잘 모른다고 답합니다.

왜 그렇게 답할까요? 그것은 바로 학부모에 대한 학교 폭력 예방 교육이 학교에서만 이루지고 있기 때문입니다. 그래서 지금처럼 교육 장소를 학교에 한정해서는 아니 됩니다.

시장 등 지방자치단체장이나 기업 등의 사업주들에게 직장 내 학부모들을 대상으로 학교 폭력 인지 감수성을 키우는 교육을 실시하도록 해야 합니다. 성 인지 교육이나 직장 내 괴롭힘 방지 교육처럼 말이에요. 지방자치단체나 기업 구성원 대부분이 학부모들이거나 미래에 학부모가 될 사람들이기 때문입니다. 민방위 교육장에서 학교 폭력 인지 감수성 함양 교육을 실시토록 하는 것도 아주 좋겠습니다. 아빠들이 학교 폭력에 대해 잘 알아야 하는데 민방위 교육 대상자들이 초등학생이나 중학생을 둔 아빠들이 많잖아요.

어느 날 내 아이가 학교 폭력으로 극단적 선택을 시도했다고 생각해 보세요? 직장 일이 손에 잡히겠습니까? 제정신으로 일을 할 수 있겠습니까? 집안이 완전 풍비박산 나는데… 실제로 고등학생인 아들이 학교 폭력을 당하다 말없이 극단적 선택을 하자 그 충

II. 아이들이 말을 하지 않아도 알 수 있다

격을 견디다 못해 다니던 대기업을 그만둔 사례도 있습니다. 다들 말을 안 해서 그렇지 교육청이나 경찰이나 검찰, 법원에 다니는 공무원들도 자녀가 학교 폭력 피해를 당하거나 가해자가 돼서 누구에게 말도 못하고 끙끙 앓는 분들 많습니다. 학교 폭력 피해자가 됐든 가해자가 됐든 그 사실 자체를 창피하게 생각하거든요.

학교 폭력은 부모도 가해자가 될 수 있고, 그 발생 장소가 집에서도 일어날 수 있습니다. 학교 폭력은 교통사고처럼 나 혼자만 조심한다고 해서 일어나지 않는 그런 폭력이 아닙니다. 그래서 한 개인이나 단체, 기관에 의해 해결할 수 있는 폭력이 아닙니다. 모든 국민이 관심을 가질 때 비로소 해결할 수 있는 그런 폭력입니다. 그래서 학교에서만 실시하는 예방 교육으로는 절대 해결할 수 없습니다. 모든 지방자치단체, 기업체, 언론, 시민단체, 학부모 등 전 국민이 나서야 해결할 수 있습니다.

그리고 학교 폭력 인지 감수성을 함양하는 교육을 직장 등에서 하면 좋은 것이, 학교 폭력에 성인들 사이에서 발생하는 모든 폭력이 포함되어 있기 때문이기도 하고, **폭력 인지 감수성**이 없는 사람들이 너무 많기 때문입니다. 폭력의 대상이 초중고 학생이어서 학교 폭력이라 부르는 것일 뿐, 폭력의 대상이 학생이 아닌 경우에는 그냥 폭력이 되거든요. 초중고가 아닌 가정에서, 유치원에서, 대학교에서, 군대에서, 관공서에서, 기업체 등에서 얼마나 많은 괴롭힘(폭력)이 일어납니까? 뒤에서도 말하겠지만, 폭력이 뭡니까? 내가 당하면 싫은 것을 남에게 하는 행위가 폭력입니다. 남의 권리를 침해하는 것도 폭력에 해당합니다. 내가 지금 하고 있는 말이나 행동이 폭력에 해당함을 알고, 당장 멈추지 않으면 어떤 일이 일어날 수 있다는 점만 분명히 인식시켜줘도 많은 폭력이 줄어들 것입니다. 사실 '난 동아리 선배고 넌 후배니까, 난 군대 선임이고 넌 후임이니까, 난 직장 상사이고 넌 부하 직원이니까' 함부로 대하는 경우가 많잖아요? 다들 폭력 인지 감수성이 없어서 그러는 것입니다. 그래서 지방자치단체나 대학, 군대, 기업체 등에서도 (학교) 폭력 인지 감수성 함양 교육을 실시해야 합니다.

 우리나라 학부모님들의 대단함과 위대함, 그리고 자녀에 대한 사랑은 전 세계가 인정합니다. 학교 폭력 인지 감수성을 지니는 것이 내 아이와 내 가정을 지키는 것이라는 점만 제대로 이해시키고 각인시키더라도 학교 폭력에 대해 관심을 안 가지려야 안 가질 수 없을 것입니다. 아마 '학교 폭력 인지 감수성이 일도 없는 사람'이라거나 '애 키우는 사람이 학교 폭력 인지 감수성이 그렇게 없어서 되겠어?'라는 핀잔을 듣기 싫어서라도 학교 폭력 인지 감수성에 관심을 가지게 될 것입니다. 우리나라 학부모님들은 일단 학교 폭력 인지 감수성을 조금만 지니게 해주면 스스로 잘 키우실 겁니다. 별 볼 일 없이 수다 떨던 시간에 학교 폭력에 대해 관심을 가지고 인터넷 검색 등을 통해 공부도 하실 겁니다.

Ⅱ. 아이들이 말을 하지 않아도 알 수 있다

▸ 맞아요, 우리 학부모님들 자존감들이 높으신데 감수성이 없다는 말을 듣는 것, 정말 싫어할 겁니다. 지금 저도 강사님의 이야기를 들으면서 감수성이 쑥쑥 커지는 것 같아 너무 좋거든요? 자신감도 생기고요?

강사님, 혹시 가해 학생의 보호자에 대한 처벌이 있어야 한다거나 보호자를 좀 피곤하게 해야 할 필요성이 있다는 의견에 대해서는 어떻게 생각하세요? 학교 폭력 발생의 근본 원인이 가정교육에 있는 경우가 많고, 그렇기 때문에 보호자도 어떤 형태로든 책임을 지게 해야 한다고 말하는 사람들이 있어서 묻습니다.

■ 학교 폭력의 가해자가 학생인 경우에는 지금도 그 보호자인 부모에게 손해배상 책임을 묻고 있습니다. 그런데 그것만으로는 안 된다며 보호자에 대한 강한 처벌을 주장하는 분들이 많습니다. 자녀의 비행에 대해 나 몰라라 하는 부모들이 있는가 하면, 자기도 어떻게 할 수가 없다며 포기한 부모들도 있습니다. 보호자 본인이 자녀를 감당할 수 없다고 그냥 방치하면 그 피해가 선량한 아이들이나 교사들에게 고스란히 가게 되는데 이를 가만히 놔두면 안 되죠.

그래서 학교폭력예방법에도 학폭위가 가해 학생에게 특별 교육 이수 처분을 할 때는 그 보호자에게도 특별 교육을 이수하라는 명령을 하도록 규정하고 있고, 보호자가 특별 교육을 이수하지 않으면 교육감이 300만 원 이하의 과태료를 징수하도록 규정하고 있습니다(학교폭력예방법 제17조).

 가해 학생이 2호(협박 및 보복 행위 금지)나 3호(학교 봉사) 처분을 받게 되는 경우, 보호자는 위클래스 등 교육감이 지정하는 기관에 가서 4시간 이내의 특별 교육을 받아야 하고, 가해 학생이 4호(사회봉사), 5호(특별 교육 이수 또는 심리 치료), 6호(출석 정지), 7호(학급 교체), 8호(전학) 처분을 받게 되는 경우에는 5시간 이상의 특별 교육을 받아야 합니다.

▸ 그동안 보호자는 손해배상 책임만 지는 줄 알았는데 특별 교육도 받아야 하고 교육을 받지 않으면 과태료까지 부과되는 것은 몰랐습니다. 그런 사실도 학부모들이 알고 있으면 좋을 것 같습니다.

Ⅱ. 아이들이 말을 하지 않아도 알 수 있다

학교 폭력 인지 감수성을 키워야 하는 이유

■ 영희 어머니, 우리 이쯤에서 우리 학부모님들이 왜 학교 폭력 인지 감수성을 지니고 키워야 하는지를 함께 정리해 볼까요?

▸ 네 좋아요, 그게 좋겠습니다. 학교 폭력 인지 감수성을 키워야 하는 이유를 확실히 알면 훨씬 더 적극적인 자세로 임할 것 같습니다.

■ 네, 그럼 묻겠습니다. 우리 학부모님들이 학교 폭력 인지 감수성을 지니고 키워야 하는 이유, 첫 번째는 뭘까요?

▸ **첫 번째는, 내 아이와 내 가정을 지킬 수 있기 때문입니다.**

저는 지금까지 이야기를 들으면서 제일 와 닿았던 게 바로 이 점이었거든요. 최근의 학교 폭력은 온라인과 오프라인을 넘나들며 온갖 방법으로 시도 때도 없이 일어나고 심해지고 있는데 우리 아이들이 여전히 두려움과 좌절감 때문에 말을 하지 않고 있고, 학교나 경찰 등 우리 사회가 그런 아이들을 안전하게 지켜주지 못하고 있구나… 라는 생각을 했고, 어느 날 갑자기 우리 아이가 학교 폭력으로 극단적 선택을 하게 된다면 정말 엄마인 저도, 애 아빠도 제정신으로 살 수 없겠구나, 가정이 아주 풍비박산 나겠구나…, 하지만 학교 폭력 인지 감수성을 지니고 키우면 아이가 말을 하지 않더라도 아이의 평소와 다른 행동에서 느끼고 알 수 있겠구나, 그래서 아이도 가정도 지킬 수 있겠구나… 하는 생각들을 했거든요.

■ 와 이거 제가 제대로 강연을 했나 본데요? 그런 생각을 다 하신 걸 보면요. 감사합니다. 그럼 두 번째 이유는 뭘까요?

▸ **두 번째는, 학교 폭력을 조기에 발견해서 피해를 최소화할 수 있을 뿐만 아니라, 관계 회복도 빠르고 원활하게 이루어질 수 있기 때문입니다.**

강사님의 '학교 폭력은 암세포와 같다.'는 비유와 설명에 학교 폭력의 '조기 발견 ▶ 피해 최소화 ▶ 관계 회복'이라는 공식이 확 이해됐거든요. 학교 폭력의 완전한 예방이 어렵고 또 학교 폭력이 누구에게나 언제라도 일어날 수 있는 그런 폭력이라면 내 아이에게도 일어날 수 있다는 얘기인데, 이왕 일어나는 것이라면 '조금이라도 더 일찍 발견하는 게 좋다, 그래야 덜 힘들고 상처를 치유할 수 있게 되고 또 관계 회복도 더 가능하게 되니까.'라는 생각이 들었고, '꿈보다 해몽이 좋다.'는 속담처럼 조기 발견으로 피해가 최소화되면 가 · 피해 학생 당사자뿐 아니라 그 부모들 모두에게 서로 감사해야 할 일이 되는 게 아닌가?, 라는 생각도 들었습니다.

　　　　　Ⅱ. 아이들이 말을 하지 않아도 알 수 있다

‣ 세 번째는, 학부모인 내가 학교 폭력 예방 교육의 주체이자 감시자가 될 수 있기 때문입니다.

 제가 언젠가 중학교 3학년인 남자 조카한테 들은 얘기인데요, '학교에서 누가 누구를 괴롭히는 것을 보면 그만! 하고 소리를 지르라고 교육하는데 그게 말이 되느냐?'며 웃긴다고 해서, 제가 '그게 왜 웃기고 말이 안 되냐?'고 물었더니 글쎄, '아니 골치 아픈 꼴통 서너 명이 약한 애 한 명을 괴롭히는데 어떻게 그만! 하고 소리쳐? 영웅도 아니고, 내가 대신 맞아 죽을 일 있어? 그래서 아무도 말 안 해. 그런 것은 아무것도 모르는 초딩, 그것도 1, 2학년생들이나 하는 거지.'라는 말을 듣고 내심 충격을 받았거든요.
 그리고 모의 법정이다, 또래 상담이다, 여러 가지를 하는데 다 그때뿐이랍니다. 끝나면 언제 그런 소리를 들었냐는 듯이 완전히 초기화가 된다는 거예요. 그리고 대부분 영상을 틀어주고는 시청하라 하는데 정작 들어야 하는 말썽쟁이들뿐 아니라 나머지 애들도 시험에 안 나오니까 관심 있게 보지를 않고 거의 잔답니다. 고학년이 되어갈수록 학교 폭력 예방 교육 시간이 잠자는 시간이랍니다. 내용도 다 비슷비슷하고요. 그리고 말이 안 되는 게 괴롭힌 아이가 엄한 처벌을 받고 개고생하는 모습은 하나도 없고, 한결같이 끝이 괴롭힌 아이가 괴롭힘을 당한 아이한테 사과하면 다 받아주고 용서해 주는 것들이랍니다.

죽을 만큼 힘들어도 누구한테 말도 못하고 괴로워했는데 어떻게 그렇게 쉽게 용서가 되고 화해가 될 수 있는지 이해가 안 된답니다. 실제 노는 애들은 사과하라고 하니까 마지못해 미안해하는 척하는 것인데 말입니다.

아무리 관계 회복을 염두에 두고 만든 것이라고는 하지만, 아무리 심하게 괴롭힘을 당했어도 가해자가 사과를 하면 용서를 해주어야 한다는 게 주제인 것 같답니다. 그래서인지 사과를 했는데 왜 안 받아주냐면서 가해 학생이 피해 학생에게 화를 내는 경우가 있는가 하면, 피해 학생의 부모에 대하여서도 다른 아이들에게 아주 좋지 않은 소문을 퍼트리는 경우가 실제 있답니다.

그런 이야기를 듣고 '그럼 내가 우리 영희한테 어떻게 해야지?'라는 생각만 하고 구체적으로 몰라서 내심 불안해하고 있었는데 오늘 강사님의 얘기를 들으니까 '유레카! 바로 이거다.'라는 생각이 들었거든요. 바로 부모인 내가 학교 폭력 인지 감수성을 지니고 키워서 영희에게 감수성을 지니도록 가르쳐 주고 또 주위에서 학교 폭력으로 괴롭힘을 당하는 아이가 없나 살필 수도 있겠다는 생각, 말이에요. 앞에서도 말했지만 '학교 폭력 인지 감수성을 지니고 키우는 교육을 유치원 만 6세 반 학부모들부터 받아야 하는 게 맞다는 생각이 듭니다.

■ 와, 영희 어머니 대단하시네요. 조카가 아주 똑똑하고요. 제가

　　Ⅱ. 아이들이 말을 하지 않아도 알 수 있다

이야기하려 한 것을 조카가 정확히 느끼고 말해 줬네요. 영희 어머니도 나름 학교에서 하는 아이들에 대한 학교 폭력 예방 교육의 문제점을 느끼고 있었고, 그로 인한 막연한 두려움도 가지고 계셨던 것 같은데… 아마 대부분의 학부모님들이 그럴 겁니다.

 그리고 학교 폭력 인지 감수성을 지니고 키우면 학교 폭력 예방의 주체가 될 수 있고 또 감시자가 될 수 있다는 말씀에 대해 제가 좀 더 보충을 하고 싶은데 그것은 지금 우리나라 학부모들이 학교폭력예방법상 교육을 받는 객체이자 가·피해 학생의 보호자로서의 역할과 책임만 주어져 있다는 것입니다. 이렇게 학부모를 수동적인 지위에만 두어서는 학교 폭력 문제를 절대 해결할 수 없습니다. 학교 폭력 인지 감수성을 키워 주는 제대로 된 교육을 통해 수백만의 학부모를 예방의 주체이자 감시자로, 그리고 현명한 조정자로 끌어올려야 학교 폭력 문제를 해결할 수 있습니다.

 오늘 기분이 엄청 좋은데요, 영희 어머니가 학교 폭력 인지 감수성을 지녀야 하는 이유들을 정확히 짚어주시고 쉽게 설명까지 해주시니까 말이에요.

▶ 네 번째는, 학교 폭력 문제를 감정적으로 대응하지 않고 이성적으로 차분하게 대응해서 제2, 제3의 학교 폭력을 저지르는 우를 범하지 않을 수 있기 때문입니다.

우리 영희가 누군가한테 맞고 들어오거나 왕따 등의 괴롭힘을 당한다는 사실을 알게 되면, 먼저 흥분부터 할 것 같아요. 여느 학부모님들처럼 애를 나무라거나 가해 학생들을 찾아가서 때려주거나 윽박지를 수도 있고, 가해 학생 엄마한테 전화해서 애들 교육 똑바로 좀 시키라며 한 번만 더 괴롭히면 학교 폭력으로 신고해 버리겠다는 등의 막말을 퍼부어서 저도 모르게 제 2, 제3의 학교 폭력을 저지르는 우를 범했을지도 모른다는 생각을 했습니다. 하지만 그런 행위는 문제만 더 복잡하게 만드는 어리석은 행동이라는 사실을 확실히 깨달았습니다.

그리고 강사님이 들려준 사례 중, 문제를 키우지 않으려는 좋은 의도로 겁을 주는 행위도 아이의 눈높이에서는 아동학대라는 큰 범죄가 될 수도 있고, 또 그것을 약점 삼아서 그 딸아이의 어머니를 경찰에까지 신고함으로써 자기 아들을 전교생에게 왕따를 당하게 만든 남자아이의 아빠와 같은 우를 범해서는 안 되겠다는 생각이 들었거든요.

■ 맞습니다. 사실 경미한 학교 폭력인데 갑자기 종잡을 수 없이 커지고 복잡하게 된 사안들을 보면, 그 원인이 우리 부모님들의 초기 대응 미숙과 지나친 자녀 보호 의식, 자존심, 오기 등에서 비롯되는 경우가 많습니다. 이러한 우를 범하지 않도록 우리 학부모님들이 학교 폭력 인지 감수성을 지니고 키웠으면 좋겠습니다.

II. 아이들이 말을 하지 않아도 알 수 있다

IV. 어떻게 하면
학교 폭력 인지 감수성을 키울 수 있을까

▸ 강사님, 이제 어떻게 하면 저 같은 학부모들이 학교 폭력 인지 감수성을 지닐 수 있고 또 키울 수 있는지 이야기해 주시겠어요?

■ '아는 만큼 보이고 아는 만큼 느끼고 생각한다.'는 말이 있습니다. 모르면 백날 봐도 모르고 느끼지도 못하고 생각도 못한다는 말입니다. 그리고 '학교 폭력에 대한 인지 감수성을 키운다.'라는 말은 단순히 학교 폭력이 무엇이고 학교 폭력을 가하거나 당하거나 목격하거나 학교 폭력이 의심되면 어떻게 해야 한다는 것을 머리로 알고 이해하는 것이 아니라 '학교 폭력임에 해당함을 알고 민감하게 반응하는 것이 몸에 배게 하는 것'을 말합니다. 그러려면 아이들 세계에서 일어나는 학교 폭력의 유형과 사례, 그리고 어떻게 처벌되는지 등을 많이 알아두는 게 좋습니다.

학교 폭력이란?
(한마디로 말할 수 있어야 한다)

■ 그럼, 이제부터는 학교 폭력이 무엇이고 그 유형에는 어떠한 것들이 있는지 알아볼까요?

학교 폭력에 대해 이야기하기 전에 먼저 폭력이 뭔지부터 알아볼까요? 만약 6살짜리 어린아이가 '폭력이 뭐예요? 왜 나빠요?'라고 물으면 뭐라 답하시겠어요?

▶ 글쎄요, 때리는 것? 돈을 뺏는 것?…, 갑자기 말하려 하니까 딱히 뭐라고 말해야 할지 모르겠는데요. 6살짜리 아이가 알아듣게 해야 한다고 생각하니까 더 그런데요? 뭐라 말해 주면 아이가 알아들을 수 있을까요?

■ 하하, 제가 그동안 만난 사람들에게 똑같은 질문을 하면 거의 다 그와 같이 답합니다. 아이들도 그렇고요. 사실 저도 그랬습니다. 어느 날 같은 아파트에 사는 6살짜리 여자아이가 저한테 물어본 질문이었거든요. 저도 이 질문을 갑자기 받고 망설이다가 며칠 동안 고민했거든요. 그래서 만들어낸 답이 '폭력이란 자기가 당하면 싫은 것을 남에게 하는 것이다.'입니다.

▶ 자기가 당하면 싫은 것을 남에게 하는 것이 폭력이다?…. 음… 그것참 좋은데요! 간결하고, 쉽고. 아이들에게 설명해 주기가 정말 쉽겠어요. 제 딸 영희가 저에게 '폭력이 뭐야? 왜 나빠?'하고 물으면 제가 '내가 너한테 욕하면 좋아, 싫어? 싫지. 그러면 네가 친구들이나 남한테 욕하면 그게 폭력이야.', '누가 너를 때리거나 밀쳐서 다치게 하면 좋아? 싫어?, 싫지. 네가 친구들한테 그렇게 하면 폭력이 되는 거야. 그래서 폭력은 나쁜 거야.'… 이런 식으로 말해 주면 되잖아요.

■ 그렇죠. '친구들이 너를 무시하고, 냄새난다며 말도 안 하고, 밥도 같이 안 먹고, 안 놀아주면 좋아, 싫어? 싫지. 네가 다른 친

구한테 그렇게 하면 폭력이야.', '친구든 누가 됐든 네 이름을 부르지 않고 이상한 별명을 만들어 자꾸 부르면 좋아, 싫어? 싫지. 네가 친구한테 그렇게 하면 폭력이야', '몰래 네 텀블러에 오줌을 넣어 놔서 네가 그걸 마셨다면? 좋아, 싫어? 당연히 싫지? 바로 네가 그렇게 하면 폭력이 돼', '누가 너한테 돈을 빼앗으면 좋아, 싫어? 싫지! 그러면 네가 누군가에게 겁을 줘서 돈을 빼앗으면 그게 폭력이야. ', '친구들이 너에 대해 안 좋은 소문을 내고 다니면 좋아, 싫어? 싫지. 그러면 네가 다른 친구에 대해 안 좋은 소문을 내고 다니면 그게 폭력이야.', '다른 사람이 너한테 허락도 안 받고 네 몸을 만지면 좋아 싫어? 싫지. 네가 다른 사람한테 그렇게 하면 그게 폭력이야.' '네가 하품하는 모습을 누가 몰래 찍어서 다른 친구들한테 보내주면 좋아 싫어? 싫지. 네가 그렇게 하면 폭력이야. 그래서 폭력을 하면 나쁜 거야. 자기가 당하면 싫은 것을 남에게 하니까'…, 질문을 한 6살짜리 아이에게 이렇게 설명해 주니까 고개를 끄덕이며 알았다며 웃어 보였습니다. 폭력이 무엇인지 알았으니까 이제 학교 폭력에 대해 알아볼까요? 수많은 폭력들이 있는데 무엇을 학교 폭력이라고 하는지 말이에요.

 먼저 학교 폭력에 대한 법률상 정의는 다음과 같습니다(학교폭력예방및대책에관한법률 제2조)

"학교 폭력"이란 학교 <u>내외</u>에서 <u>학생을 대상으로</u> 발생한 상해,

IV.어떻게 하면 학교 폭력 인지 감수성을 키울 수 있는가 폭행, 감금, 협박, 약취 · 유인, 명예 훼손 · 모욕, 공갈, 강요, 강제적인 심부름 및 성폭력, 따돌림, 사이버 폭력 등에 의하여 신체 · 정신 또는 재산상의 피해를 수반하는 행위를 말한다.'

"따돌림"이란 학교 내외에서 2명 이상의 학생들이 특정인이나 특정 집단의 <u>학생들을 대상으로</u> 지속적이거나 반복적으로 신체적 또는 심리적 공격을 가하여 상대방이 <u>고통</u>을 느끼도록 하는 모든 행위를 말한다.

"사이버 폭력"이란 정보통신망(정보통신망이용촉진및정보보호등에관한법률 제2조제1항제1호의 정보통신망을 말한다)을 이용하여 <u>학생을 대상으로</u> 발생한 따돌림과 그 밖에 신체 · 정신 또는 재산상의 피해를 수반하는 행위를 말한다.

보시면 아시겠지만, 학교 폭력은 학생(초중고생)을 대상으로 한 폭력을 말합니다. 피해자가 학생인 폭력이 학교 폭력입니다. 그래서 '학교 폭력 = 학생 폭력'이라고 합니다. 그리고 아까 폭력을 '자기가 당하면 싫은 것을 남에게 하는 것'이라고 했죠? 여기에서 '남'을 '학생'으로 바꾸면 학교 폭력이 됩니다. 즉 "자기가 당하면 싫은 것을 '학생'에게 하는 것"을 학교 폭력이라고도 합니다. 학교 폭력 예방 교육을 받고 왔다는 분들한테 '학교 폭력이 뭐래요?' 하고 물으면 폭력이 어쩌고저쩌고하며 한마디로 말을 못하는데, 이제부터는 누가 '학교 폭력이 뭡니까?' 하고 물으면 '학교 폭력은 학생을 대상으로 한 폭력이다. 피해자가 학생인 폭력이다, 또는 자기가 당하면 싫은 것을 학생에게 하는 것을 말한다.'라고 자신 있게 답하면 됩니다.

그리고 학교 폭력이라는 말에 많은 분들이 학교에서 일어나는 폭력만을 학교 폭력으로 알고 계시는데, 아닙니다. 학교 폭력은 학교 내외, 즉 학교 운동장이나 교실, 화장실 등 학교 내뿐 아니라 공원이나 놀이터, 주차장, PC방, 학원과 같은 학교 밖에서 일어나는 것도 학교 폭력에 해당합니다. 그리고 SNS 등 온라인이나 사이버상에서 일어나는 것도 학교 폭력에 해당합니다. 사이버 학교 폭력, 사이버 폭력 하는데, 별것 아닙니다. 휴대전화나 인터넷을 등 정보통신망을 이용한 사이버(온라인) 공간에서 일어나는 폭력을 사이버 폭력이라 하고, 폭력의 대상이나 피해자가 학생이면 사이버 학교 폭력이라고 합니다. 요즘은 학교 폭력이 오프라인과 온라인을 넘나들면서 일어나는 경우가 대부분입니다. 낮에는 학교와 학교 밖 놀이터 등에서 괴롭히고, 저녁에는 모바일 메신저나 카톡으로 문자를 보내 괴롭힙니다.

이와 같이 학교 폭력은 학교 내, 학교 밖, 그리고 온라인이나 사이버 등 사이버 등 장소 제한이 없고, 유형도 상해·폭행·명예훼손부터 성폭력까지 제한이 없습니다. 학교폭력예방법에 열거된 상해, 폭행, 감금, 협박 등의 14가지 유형은 예시에 불과합니다.

가해자 또한 교사, 부모, 유치원생, 온라인 채팅방에서 만나는 얼굴도 모르는 사람 등 제한이 없습니다. 그냥 신체 · 정신 또는 재산상의 피해를 입은 사람이 초 · 중등교육법상의 학생이면 다 학교 폭력에 해당합니다.

그럼, 문제를 몇 개 내 볼까요?

○ 장난도 학교 폭력이 될 수 있을까요? 될 수 있습니다. 장난도 지나치거나 선을 넘으면 학교 폭력이 됩니다.

○ 중학교 재학생이 자퇴생이 때리면 학교 폭력에 해당하나요? 아닙니다. 자퇴생은 초중등교육법상의 학생 신분이 아니기 때문에 학교 폭력에 해당하지 않습니다. 반대로 자퇴생이 재학생을 때렸다면 학교 폭력에 해당합니다. 유치원생과 초등학생이 싸웠을 때도 마찬가지입니다.

○ 자녀를 함부로 대하거나 때리는 가정폭력도 학교 폭력이 되나요? 자녀가 초등학교에 들어가기 전의 나이면 아동학대와 가정폭력에 해당하지만, 자녀가 초등학생이거나 중학생, 고등학생일 경우에는 학교 폭력에도 해당합니다.

○ 남의 권리를 침해하는 것도 학교 폭력이 될 수 있을까요? 당연히 학교 폭력이 될 수 있습니다. 왜냐하면 우리 인간은 누구나 자유롭고 안전하게, 재미있고 행복하게 살 권리가 있습니다. 그러한 권리를 누구도 침해해서는 안 됩니다. 이는 나의 권리는 남의 권리를 침해하지 않는 선에서 행사해야 한다는 말이기도 합니다.

살인, 상해, 폭행, 공갈, 성폭력 등 대부분의 범죄가 피해자의 이러한 자유롭고 안전하게, 재미있고 행복하게 살 권리를 침해하는 폭력이고 범죄들입니다. 그 외, 게임을 하면서 상대방에게 욕을 하는 아이들이 많은데 상대방이 학생이면 이 역시 학교 폭력에 해당합니다. 예쁜 여자 선배의 사진을 몰래 찍어 단톡방에 올려 야한 문자를 주고받는 행위도 학교 폭력에 해당합니다. 휴대폰으로 야한 그림이나 영상을 보내 학생인 상대방으로 하여금 성적 욕망이나 혐오감을 유발하게 했다면 이 역시 학교 폭력에 해당하고, 친구에 대해 나쁜 뒷담화 하는 것도 학교 폭력에 해당합니다. 그래서 신고를 안 하거나 드러나지 않아서 그렇지 학교 폭력은 하루에도 수천수만 건씩 일어나고 있습니다. 이쯤 하고 아이들 세계에서 일어나고 있는 학교 폭력 유형에는 어떠한 것들이 있는지 구체적으로 알아볼까요?

► 학교 폭력(사이버 학교 폭력) 유형 및 사례, 법정형 ◄

우리가 학교 폭력 유형과 구체적인 사례 그리고 법에 정한 형량 등에 대해 알아야 하는 이유는, 내가 당하면 싫은 것을 학생에게 하는 행위는 다 학교 폭력에 해당한다고 했는데, 그렇게만 알고 있으면 일상생활 속에서 어떤 장면을 봤을 때 '저건 학교 폭력, 뭐다!'라는 생각을 떠올리기가 쉽지 않습니다. 그래서 구체적인 유형들과 사례 등을 많이 알고 있어야 합니다.

Ⅳ.어떻게 하면 학교 폭력 인지 감수성을 키울 수 있는가

먼저 **상해**, 상해는 신체에 상처를 내거나 생리적 기능에 장애를 초래하는 것을 말합니다. 신체의 완전성을 해치는 행위입니다.

주먹으로 때려서 코뼈를 부러뜨리는 것, 몽둥이 등으로 때려서 멍이 들게 하거나 상처를 내는 것, 연필이나 볼펜으로 찍어서 상처를 내는 것, 걷거나 뛰어가는 학생의 발을 걸어서 손이나 무릎에 찰과상을 입게 하거나 얼굴이 책상 모서리와 부딪혀서 상처를 나게 하는 것 등이 있습니다. 상한 음식을 먹게 해서 설사를 하게 하는 경우도 상해에 해당하고, 성병을 감염시키는 것도 상해에 해당합니다. 또 앞에서 사례를 들었듯이 기절 놀이를 한답시고 헤드락을 걸어 숨을 못 쉬게 해서 기절을 시키거나 뇌 손상을 일으키는 경우가 있는데 이런 경우에는 중상해죄로 형사 처벌을 받을 수 있습니다.

여러 명이 위력을 보이거나 위험한 물건을 휴대하고 저지르면 특수상해죄로 1년 이상 10년 이하의 징역에 처해집니다. 스마트폰으로 머리를 때려서 특수상해죄로 처벌된 사례도 있고, 커트칼을 휘둘러 팔에 상처를 내거나 연필로 눈을 찔러 특수상해죄로 처벌을 받은 사례도 있습니다.

한 명이 저지른 단순 상해는 7년 이하의 징역, 10년 이하의 자격정지, 또는 1천만 원 이하의 벌금에 처해지고, 생명에 위험을 발생하게 하면 1년 이상 10년 이하의 징역에 처해집니다. 사이버상에 참수하는 장면 등의 영상을 보내 이를 본 학생이 충격을 받아 트라우마가 생겼다면 이 역시 사이버 상해에 의한 학교 폭력이 됩니다.

다음은 **폭행**, 폭행은 사람의 신체에 어떤 불법적인 유형력을 행사하는 것을 말합니다.

주먹이나 몽둥이로 때린다든지, 발로 찬다든지, 또 갑자기 밀어서 넘어뜨린다든지 하는 경우도 있지만, 담배 연기를 얼굴에다 대고 뿜어대는 행위, 장난이나 놀이를 빙자해서 괴롭히는 행위, 맞지는 않았지만 의자나 칼 등 위험한 물건 등을 던지는 행위도 폭행에 해당할 수 있고, 살금살금 다가가서 큰소리로 놀라게 하는 것도 폭행에 해당할 수 있습니다. 한 학생을 축구 골대 앞에 세워놓고 여러 명이서 공을 세게 차서 맞히는 살인 축구, 가위바위보를 해서 이기면 이겼다고 뺨을 때리고, 지면 져서 기분 나쁘다고 뺨을 때리는 정말 어이없는 경우도 폭행에 해당할 수 있습니다. 만약에 폭행을 가해서 멍이 들거나 입술이 터지거나 갈비뼈가 부러지는 등의 상해를 입었다면 폭행치상이 돼서 단순 폭행보다 엄하게 처벌받습니다. 물론 혼자서 하면 단순 폭행이지만 둘 이상이 하면 공동폭행, 흉기를 들고 하면 특수폭행이 되어 가중 처벌됩니다.

커트 칼을 들고 위협만 하는 행위도 특수폭행이 됩니다. 단순 폭행은 반의사불벌벌죄로 피해자가 처벌을 원하지 않는다는 의사를 수사기관이나 법원에 하면 처벌을 받지 않지만 상해가 발생했을 때는 피해자가 처벌을 원하지 않아도 처벌을 받습니다. 폭행을 가해서 상해를 입거나 사망하게 되면 폭행치사상죄로 가중 처벌됩니다.

다음은 **감금**, 감금은 어떤 공간에 가두는 것을 말합니다.

화장실이나 교실, 체육관 문을 잠가서 못 나오게 하는 경우가 있고, 뉴스에서 본 것처럼 피해 학생을 여관에 데리고 가서 집에 못 가게 하는 것도 감금에 해당합니다. 운동장이나 공원, 놀이터 등지에서 여러 명이 한 명을 에워싸고 집에 못 가게 하는 행위도 감금에 해당할 수 있습니다. 단순 감금의 경우에는 5년 이하의 징역 또는 700만 원 이하의 벌금에 처하지만 여러 명이서 위력을 보이거나 위험한 물건을 휴대하여 감금을 했을 때는 1/2까지 가중 처벌됩니다. 앞에서 말한 단톡방을 만들어 나가면 초대하기를 반복하는 행위도 사이버 감금에 해당합니다.

다음은 **협박**, 협박은 공포감을 불러일으키기 위해 생명, 신체, 자유, 재산 따위에 해를 가할 것을 알리는 행위를 말합니다. 한마디로 겁을 주는 행위를 협박이라고 합니다. 이 협박은 오프라인에서도 일어나지만 휴대전화 등을 이용해 온라인이나 사이버상에서도 무수히 일어나고 있습니다.

'너 내일 만 원을 안 가져오면 죽을 줄 알아!'라든가, '우리가 때린 거 고자질하면 가만두지 않겠다!'라든가, '부모님한테 이야기하거나 신고해서 구속되면 너네 집도 다 알겠다, 친구들을 시켜 너도 가족도 모두 가만두지 않겠다.'고 겁을 줘서 신고도 못하게 하는 행위가 있겠고, 문자를 보낼 때마다 1분 내로 답하지 않으면 그때마다 2대 더 때린다며 겁을 줘서 휴대폰을 손에서 놓지 못하게 하는 경우도 있습니다. '요즘 덜 때렸더니 맛이 갔네, 지금부터 30초 내로 답하지 않으면 그때마다 2대 더 추가로 때린다.'는 글을 카톡으로 보내서 상대 학생으로 하여금 겁을 먹게 하는 경우 등이 있었습니다.

그리고 밤길 조심하라든지, 운전 조심하라든지 등 공포심이나 불안감을 유발하는 글이나 밤길을 가는 사람의 뒤통수를 몽둥이로 내리치는 영상이나 트럭에 승용차가 받히는 영상 등을 반복적으로 보내서 공포심이나 불안감을 유발하는 행위도 협박에 해당할 뿐 아니라 정보통신망법 74조 3항에 의거 해서 1년 이하의 징역, 또는 천만 원 이하의 벌금에 처해질 수도 있습니다.

이러한 협박도 혼자 하면, 단순 협박이지만 둘 이상의 여러 명이 위력을 보이거나 위험한 물건을 휴대하고 하면 특수협박이 되어 가중 처벌됩니다. 단순 협박 3년 이하의 징역 또는 500만 원 이하의 벌금, 구류 또는 과료에 처해지고, 다수가 공동으로 또는 흉기를 들고 협박을 하게 되면 7년 이하의 징역 또는 1천만 원 이하의 벌금에 처해집니다.

다음은 **약취**·**유인**. 먼저 약취는 강제나 협박으로 누구를 어디로 데려가는 것으로, 쉬운 말로 납치로 보시면 됩니다. 유인은 거짓말이나 감언이설로 누구를 어디로 데려가는 것을 말합니다.

어린아이를 강제로 차에 태워 가는 것이나, 가기 싫은 사람을 가지 않으면 어떻게 하겠다는 식으로 협박이나 폭행을 해서 스스로 가게 하는 것도 약취에 해당합니다. 유인은 엄마 친구라면서 아이에게 맛있는 것을 사주며 자기 집에 가자고 속여서 데려가거나 사실은 일진 형의 심부름을 받은 사실이 없음에도 일진 형이 오란다고 속여서 어딘가로 데리고 가는 행위도 유인에 해당합니다.

성매매를 시켜 영리를 취할 목적으로 약취·유인을 하는 경우도 있고, 몸값을 받아내기 위해 약취·유인하는 경우도 있고, 옛날의 보쌈과 같이 혼인을 목적으로 약취·유인하는 경우도 있고, 절도나 앵벌이를 시켜 돈을 벌 목적으로 약취·유인하는 경우도 있습니다.

요즘은 인터넷 랜덤 채팅방에서 가출을 고민하는 청소년들에게 잠도 재워 주고 용돈도 주고 알바 자리도 소개시켜 주겠다며 가출을 유도하는 행위들이 많은데 이런 경우에도 사이버 약취·유인에 해당합니다. 미성년자를 약취 · 유인한 자는 10년 이하의 징역에 처해집니다. 추행, 간음, 결혼 또는 영리의 목적으로 사람을 약취 · 유인한 자에게는 1년 이상 10년 이하의 징역에 처해집니다.

■ 다음은 **명예 훼손**, 명예 훼손은 어떤 사실을 공연히 적시해서, 그 사람의 사회적 평판이나 가치를 떨어뜨리는 행위를 말합니다. 오프라인에서도 일어나지만 인터넷이 발달한 요즘에는 SNS나 모바일 메신저, 각종 인터넷 게시판 등 사이버상에서 더 많이 일어나고 있어나고 있습니다. 우리 어른들도 그렇지만, 우리 아이들이, 법을 몰라서 또는 누가 제대로 알려주는 사람이 없어서, 쉽게 저지르는 범죄 중 하나이니만큼 사례들을 많이 알아둬서 아이들에게 알려줘야 하겠습니다.

다들 남들이 알면 부끄러운, 그래서 숨기고 싶은 사실이나 치부를 한두 개 정도는 가지고 있을 텐데요, 이렇게 숨기고 싶은 사실을 남들에게 큰 소리로 말하거나 소문을 내는 경우가 해당된다 하겠습니다. 중요한 것은 사실을 소문내도 처벌이 된다는 점입니다. 사실을 말했을 뿐인데 그게 무슨 죄가 되느냐고 억울해하는 분들이 많은데요, 엄연히 학교 폭력에 해당하고, 형사 처벌도 받을 수 있습니다. 물론 적시한 내용이 허위 사실이면 더 엄히 처벌받습니다. 아이들뿐 아니라 우리 어른들도 무심코 범할 수 있는 죄이니만큼 잘 알아두시면 좋습니다. 그리고 중요한 것은 타인의 명예를 훼손하는 행위를 단톡방이나 모바일 메신저, 인터넷 게시판 등 사이버상에서 하면 형법이 아니라 정보통신망법에 의해 더 엄하게 처벌받습니다.

사실을 오프라인에서 퍼트렸다면, 형법 제307조 1항에 의거해서 2년 이하의 징역이나 금고 또는 500만 원 이하의 벌금에 처해지고, 온라인에서 퍼트렸다면 정보통신망법 제 70조 1항에 의거해서 3년 이하의 징역 또는 3천만 원 이하의 벌금에 처해집니다(단, 적시한 사실이 진실한 사실로써 오로지 공공의 이익에 관한 때에는 처벌하지 않습니다).

그리고 허위 사실을 오프라인에서 퍼트렸다면 307조 2항에 의거해서 5년 이하의 징역이나 10년 이하의 자격정지 또는 천만 원 이하의 벌금에 처해지고, 허위 사실을 온라인 등 사이버상에서 퍼트렸다면 정보통신망법 제70조 2항에 의거해서 7년 이하의 징역이나 10년 이하의 자격정지 또는 5천만 원 이하의 벌금에 처해집니다. 오프라인에서의 명예 훼손보다 사이버상에서의 명예훼손 법정형이 훨씬 세죠?

구체적인 사례로는 '이번에 학교 폭력 신고한 애가 누구란다.'라든가, '누구네 엄마가 바람나서 집을 나갔대.'라든가, '누가 누구와 사귄대.'라든가, 열심히 공부해서 성적이 올랐는데 '컨닝해서 올랐대.'라고 소문을 내는 것 등이 있었습니다. 그리고 SNS 등의 단톡방이나 페이스북 등에 개인정보나 허위 사실을 올려서 남을 헐뜯거나 비방하는 경우가 많은데 그런 경우에도 명예 훼손으로 처벌받을 수 있으니 조심하라고 아이들에게 꼭 알려주시기 바랍니다. 인터넷 게시판 등에 이름, 생년월일, 사는 주소, 다니는 학교 등 개인 정보를 올리는 것도 사이버 명예 훼손이 될 수 있고, 하품을 하거나 침을 흘리며 자는 모습을 찍어서 단톡방 등에 올려서 수치스럽게 하는 행위도 그렇고, '안티 카페'를 만들어서 특정 학생을 비방하는 경우에도 사이버 명예훼손이 될 수 있습니다.

초등학생들의 경우 스마트폰 세대답게 핸드폰으로 사진을 찍어 자랑하는 것을 좋아하는데요, 엽기놀이가 대표적입니다. 엽기놀이는 누군가의 사진을 찍어 돼지머리를 합성하기도 하고, 엉덩이를 크게 변형을 시키기도 하고, 가슴을 크게 부풀린 다음 단톡방 등에 올리는 방법으로 서로 공유하며 노는 것을 말하는데, 이런 엽기놀이를 했다가 학교 폭력으로 신고 된 경우도 많습니다. 이러한 행위도 모욕죄나 명예 훼손에 해당할 수 있습니다.

다음은 **모욕**, 모욕은 말이나 행동으로 누군가를 업신여기거나 욕되게 하는 행위를 말합니다.

모욕죄는 주로 외모, 신체, 성격, 이름 등을 빗대어 놀리는 경우가 해당합니다. 뚱뚱하다, 못생겼다며 외모를 비하거나 별명을 지어서 이름 대신에 부르며 놀리는 경우, 항상 신중하다고 해서 '진지충'이라고 부르며 놀리고, 반응이 좀 느리다며 '형광등'이라 부르며 놀리고, 입이 튀어나왔다고 해서 '돌출입'이라 부르며 놀리고, 잘 잊어먹는다며 '닭대가리'라고 놀리고, 관심 받는 것을 유난히 좋아한다고 해서 '관종'이라고 놀리는 경우가 있겠습니다. 손가락으로 욕된 모양을 하는 것도 모욕죄에 해당할 수 있습니다. 혹시 '기생수'라는 말 들어보셨나요. 기초생활수급자를 줄인 말인데요, 모 외고에 사회적 배려 대상자 전형으로 들어온 학생을 부유층 학생들이 기생수라고 부르며 오랫동안 왕따를 시킨 경우도 있었습니다. 물론 단톡방이나 인터넷 게시판에 누군가에 대해 이런 식의 글을 올렸다면 사이버 모욕죄나 명예 훼손죄로 처벌될 수 있고, 대상이 학생이면 학교 폭력이 됩니다.

 모욕죄는 1년 이하의 징역이나 금고 또는 200만 원 이하의 벌금에 처해집니다.

'개 병신 꼴값 떨고 있네, 너네 엄마는 너 낳고 미역국 먹었냐?'가 있겠고, 이름을 가지고 놀리는 경우가 있습니다. 그리고 '걔 공부 되게 못한다.', '그 자식 인성 쓰레기다, 거짓말쟁이다.'라고 뒷담화하는 것도 모욕죄에 해당할 수 있고, 앞에서 말한 특정 학생을 단톡방에 초대해서 집단적으로 욕을 해대는 떼카도 모욕죄에 해당합니다. 단톡방에서 이름 대신에 '야, 진지충 니가 뭘 안다고 나대냐?', '야 형광등! 굼벵이가 너보다는 빠르겠다.', '이런 찌질아 넌 왜 사냐?' 라는 등의 글을 올리는 경우도, 온라인상에서 단체 게임을 하다가 패드립을 하거나 욕설을 해대는 경우도, 안티 카페 등에 비방하는 글을 올리거나 신문 기사나 누가 올린 글에 악성 댓글을 다는 경우도 모욕죄가 되어 처벌을 받을 수 있습니다.

입에서 나오거나 인터넷에 올린 글은 누군가의 귀에 반드시 들어가게 되어 있습니다. 뒷담화 역시 돌고 돌아 결국 당사자의 귀에 들어가게 마련입니다. 그러니까 남에 대해 안 좋은 소리는 숫제 하지 않는 게 좋습니다. 자리에 없는 사람에 대해서는 좋은 말만 하세요. 나중에 누가 자기에 대해 좋은 말을 했다는 소리를 듣게 될 텐데 얼마나 고마워하겠어요.

다음은 **공갈**, 공갈은 협박을 해서 금전이나 물품을 교부받는 행위를 말합니다. 아이들 세계에서 가장 흔한 것으로는 '가진 돈 다 내놔라, 뒤져서 나오면 100원에 1대다.'라고 말하며 돈을 빼앗는 금품 갈취, 일명 삥 뜯기가 있습니다. 그런데 이러한 공갈 행위가 사이버 공간에서도 많이 일어납니다.

게임 머니나 게임 아이템을 빼앗거나, 인터넷 쇼핑몰에서 비싼 신발을 보여주고는 마치 안 사주면 때릴 것처럼 말하며 사서 가져오라고 하는 행위, 버스비를 대신 내게 하는 행위, 와이파이를 억지로 공유하게 하는 행위도 공갈에 해당하고, 떡볶이 등을 먹고는 대신 돈을 내라고 하는 행위도 공갈에 해당합니다.

노는 아이가 며칠만 입고 주겠다며 새 옷을 빌려가 안 주는 경우라든가, 며칠 이따가 돌려주겠다며 돈을 빌려간 뒤 안 주는 경우 사기죄가 아니냐고 묻는 분들이 있는데, 힘의 균형이 무너진 상태에서 이루어지는 경우가 대부분이기 때문에 공갈로 처벌합니다. 즉 속아서 준 것이 아니라 안 빌려주면 맞거나 보복을 당할까 봐 빌려주고 달라는 말을 못하기 때문입니다.

자칫 협박의 정도가 심해지거나 폭행이 가미되면 강도가 될 수 있다는 점도 알아두시면 좋을 듯합니다. 예를 들어, '돈을 맞고 줄래 그냥 스스로 줄래?'라고 협박했을 때, 스스로 주면 공갈죄가 되고, 호주머니나 지갑에 있는 돈을 강제로 꺼내 가면 강도죄가 됩니다. 공갈해서 재물의 교부를 받거나 재산상의 이익을 취득하면 10년 이하의 징역이나 2천만 원 이하의 벌금에 처해지고, 여러 명이 위력을 보이거나 위험한 물건을 휴대하고 공갈하면 특수 공갈로 1년 이상 15년 이하의 징역에 처해집니다.

※ 지금 여러 명이나 위험한 물건을 휴대하고 상해, 폭행, 감금, 협박, 공갈 등을 하게 되면 엄히 처벌되거나 가중 처벌된다며 형법상의 법정형까지 언급하고 있는데, 그 이유는 가해 학생들 대부분이 혼자서는 못하고 꼭 두 명 이상의 집단을 형성해서 이와 같은 범죄를 저지르는 경우가 많기 때문에 경각심을 주는 차원에서 그러는 것입니다.

다음은 **강요**, 강요는 폭행 또는 협박으로 사람의 권리 행사를 방해하거나 의무 없는 일을 하게 하는 행위를 말합니다.

폭행이나 협박을 해서 공부를 못하게 한다든지, 누구와 놀거나 말도 못 섞게 한다든지, 숙제를 대신해오게 한다든지, 답안지를 보여 달라고 한다든지, 장난으로 사랑을 고백하도록 한다든지, 후배한테 가서 삥을 뜯어오라고 한다든지, 먹기 싫은 음식을 억지로 먹게 하는 행위(배탈이 나거나 거식증을 유발하면 처벌이 훨씬 센 상해죄로 처벌 받음) 등 정당한 권리 행사를 못하게 하거나 의무 없는 일을 하게 하는 경우가 강요죄에 해당합니다.

물론 이러한 행위들을 SNS나 모바일 메신저 등 사이버상에서 하게 되면 사이버 강요가 되고, 대상이 학생이면 학교 폭력이 됩니다.

저녁 늦게 카톡이나 메시지로 피해 학생에게 '너 내 숙제도 해오라, 안 해오면 알지?'라는 문자를 보내 숙제를 해오라고 한다든지, 토요일이라 학교 가는 날도 아닌데 '너 내일 아침 7시에 학교 국기 게양대 앞에서 인증 샷 해라.'라는 문자를 보내 겁을 먹은 학생으로 하여금 다음날 그렇게 하도록 한다든지, '네 카톡 아이디와 비밀번호 보내라.'라는 글이나 문자를 보내는 마지못해 보내게 하는 경우 등이 있습니다.
강제로 게임 머니나 게임 아이템을 보내라고 해서 받는다든지,

인터넷 쇼핑몰에 있는 비싼 운동화를 사서 보내라고 해서 받는다든지, 기프티콘을 보내라고 해서 받는다든지, 와이파이를 억지로 공유하게 한다든지, 게임 아이템을 보내게 한다든지… 지금 제가 말하는 사례들은 모두 실제 있었던 사례들입니다.

처벌은 오프라인에서 이루어진 경우와 동일하게 이루어집니다. 혼자서 하는 단순 강요는 5년 이하의 징역이나 3천만 원 이하의 벌금에 처해지고, 여러 명이서 위력을 보이거나 위험한 물건을 휴대하고 저지르면 10년 이하의 징역 또는 5천만 원 이하의 벌금에 처해집니다.

다음은 **강제적인 심부름**, 강제적인 심부름은 강요의 일종인데요, 굳이 이렇게 규정해 놓은 것을 보면, 학생들 사이에서 강제적인 심부름이 많이 일어나기 때문이 아닌가 싶습니다.

자기가 먹고 싶으면 자기가 사 먹으면 되지, 좀 약하다 싶은 애한테 매점에 가서 무엇을 사 오거나 어디에 가서 무엇을 가져오라고 시키는 아이들이 꼭 있잖아요? 빵 심부름을 시키면 빵 셔틀, 과자를 사 오라 심부름을 시키면 과자 셔틀, 담배를 사 오게 하는 담배 셔틀, 가방을 들고 가게 하는 가방 셔틀 등 종류가 아주 많습니다. 처벌은 앞에서 말한 강요죄를 저질렀을 때와 같습니다.

다음은 **따돌림**, 따돌림은 2명 이상의 학생들이 특정인이나 특정 집단의 학생들을 대상으로, 지속적이거나 반복적으로, 신체적 또는 심리적 공격을 가하여 상대방이 고통을 느끼도록 하는 모든 행위를 말합니다. 2명 이상이 한다고 해서 '집단 따돌림'이라고도 합니다.

2명 이상이 대놓고 특정 학생과 놀지도 않고 말을 섞지도 않고 투명 인간 취급하는 행위, 볼 때마다 째려보며 차갑게 노려보는 행위, 지나칠 때마다 실수인 척하며 일부러 어깨를 부딪치는 행위(어깨빵), 빵셔틀 등 각종 셔틀을 시키는 행위, 욕하고 때리는 행위 등 상해, 폭행, 감금, 모욕, 명예훼손 등 온갖 유형의 폭력으로 괴롭혀서 상대로 하여금 소외감과 같은 정신적 고통이나 신체적 고통을 느끼도록 하는 행위를 말합니다. 그 외에 기절 놀이, 미안 놀이, 노예 놀이, 살인 축구 등도 2명 이상이 하면 따돌림에 해당합니다. 말을 하지 않거나 놀지 않는 등의 방법으로 소외감을 느끼도록 하는 것만을 따돌림으로 알고 계신 분이 많은데 2명 이상이 특정 학생을 폭행하거나 괴롭히는 행위도 따돌림에 해당합니다.

다음은 **허위 정보 제공**, 허위 정보 제공은 오프라인과 온라인을 넘나들며 아이들 사이에서 일어나는 따돌림 중의 한 형태인데요, 학교에서 또는 단톡방에 특정 학생을 초대해서는 거짓 정보를 제공하는 방법으로 피해 학생에게 정신적 고통을 느끼게 하는 것을 말합니다.

Ⅳ.어떻게 하면 학교 폭력 인지 감수성을 키울 수 있는가

실제 사례를 들어볼까요? 같은 반 학생 여러 명이 특정 학생을 골탕 먹이자고 짬짜미한 다음, '내일 에버랜드에 함께 놀러 가자. 10시에 매표소 앞에서 보자.'라는 약속을 하고는, 다음 날 아무도 나타나지 않고 전화도 안 받는 일이 있었습니다. 이렇게 따돌림을 당한 그 피해 학생은 에버랜드 화장실에서 한참을 울었고, 하루 종일 아무런 놀이기구도 타지 않고 배회만 하다가 집에 왔답니다. 창피해서 엄마 아빠한테 말도 못했고요.

▶ 말도 안 돼? 애들이 왜 그렇게 짓궂어요? 그런 황당한 일을 당한 아이 기분이 어땠을까? 생각만 해도 너무 짠하네요.

■ 짠하죠. 아마 그 아이는 그날의 아픔을 평생 잊지 못할 겁니다. 또 특정 학생의 생일이 언제인 것을 알아내서는 카톡방에 초대해서 그 학생에게 집에서 파티를 하도록 부추긴 다음, 누구는 피자가 먹고 싶다, 누구는 햄버거가 먹고 싶다, 또 누구는 치킨, 탕수육, 스파게티 등을 먹고 싶다며 잔뜩 생일상을 차리게 하고는, 정작 생일날 아무도 오지 않은 일도 있었습니다.

▶ 정말 그런 경우가 있어요? 아이가 뭐가 돼요? 부모는 또 뭐가 되고요? 온 가정을 완전히 대놓고 엿 먹이는 거잖아요? 요즘은 아이들 생파 한다고 하면 아빠들은 나가 있으라고까지 하는데…. 정말 어이가 없고 화가 나네요?

■ 제가 없는 이야기를 지어낸 게 아닙니다. 실제 이런 황당한 일이 벌어지고 있습니다. 이런 경우 엄마는 어떻게 해야 할까요?

▶ 네? 아, 빨리 '우리 아들이 친구들한테 왕따 타겟이 되었구나.' 라는 생각을 떠올리고 마음을 진정한 다음 아이를 위로해 줘야겠네요. 와, 이런 때를 위해서도 학교 폭력 인지 감수성을 지니고 있어야 하는 거였네요? 이런 경우 대부분의 엄마들이 아이한테 '왜 한 명도 안 오냐? 전화해 봐라, 왜 아무도 전화를 안 받는 거냐? 정말 온다고는 했느냐?'며 짜증을 내거나 화난 목소리로 계속 물어보며 닦달을 해대거든요.

■ 맞아요. 학교 폭력의 실상에 대해 모르는 분들 대부분이 그렇게 합니다. 그래서 영희 어머니 말씀처럼 학교 폭력 인지 감수성을 지니고 있어야 하는 것입니다. 왜냐? 이런 일이 생겼을 때 누가 가장 힘들고 분하고 억울하다? 바로 내 아이이기 때문입니다.

 실제 이런 일을 당한 아이들은 온다고 한 친구들한테 다 전화하고 단톡방에 '어디야? 왜 안 와?'라는 문자를 여러 차례 올립니다. 하지만 다들 전화도 안 받고 문자를 보고도 아무런 답들을 하지 않을 텐데 그때 무슨 생각이 들까요? '아, 내가 왕따 당했구나.'라는 생각이 든답니다. 그러면서 맑은 하늘에 큰 먹구름이 몰려오듯 두려움이 온몸을 감싸며 머리가 하얘진답니다.

IV.어떻게 하면 학교 폭력 인지 감수성을 키울 수 있는가 하지만 엄마의 어떻게 된 것이냐? 왜 아무도 안 오냐는 채근에 '내가 왕따 당한 거야!'라고 차마 말을 못한답니다. 그냥 짜증을 내고 밖으로 뛰쳐나가거나 방으로 들어가 문을 잠그고 운답니다. 그리고 당장 다음날 걔네들 얼굴을 보는 게 두렵고 '내일부터 걔네들이 나를 어떻게 괴롭힐까?'라는 무서운 생각과 '엄마 아빠한테 나라는 사람은 존재 자체가 민폐다.'라는 생각이 자꾸 들면서 죽고 싶다는 생각이 저절로 난답니다. 이렇게 아이들은 우리 어른들이 감히 상상도 못하는 고민과 걱정과 두려움에 휩싸이며 극단적인 생각마저 떠올립니다. 그래서 아이들의 세계를 이해하고 아이가 처한 상황의 맥락과 눈높이에서 학교 폭력을 바라보고 이해해야 한다는 것입니다.

이럴 때 학교 폭력 인지 감수성을 지니고 있는 부모라면 빨리 우리 아이가 친구들한테 왕따를 당했다는 사실을 눈치 채고, 아이에게 '네 잘못이 아니다.'라고 위로부터 하고 지금 아이가 느끼고 있을 자괴감과 두려움을 공감해 주고, 당장 내일부터 어떻게 해야 할지 함께 대화를 나눌 것입니다. 흥분해서 아이에게 '이게 얼마인데, 이거 다 누가 먹을 거야?', '넌 왜 맨날 그 모양이냐?'라는 등의 말을 해서 상처를 주지 않을 것입니다.

▶ 그렇죠. 애가 무슨 잘못이 있겠어요. 속상하다고 애한테 그런 식으로 화풀이하면 절대 안 되죠. 강사님 솔직히 오늘 강사님한테

학교 폭력 인지 감수성에 대한 이야기를 듣지 않았으면 저 역시 아이가 느끼는 수치스러움이나 자괴감, 분노, 두려움 등에 대해 하나도 생각지 못하고 제 감정만 앞세웠을 것 같아요. 감사합니다.

■ 감사는요. 따돌림과 관련해서 좀 알아둬야 할 게 있는데, 은근히 따돌리는 은따의 경우 고통이 큰 반면에 처벌이 어려울 때가 많다는 것입니다. 처벌을 하기 위해서는 주장을 입증할 수 있는 증거가 있어야 하는데 증거를 수집하기가 어렵기 때문입니다.

함께 안 놀기, 말 안 섞기, 같이 밥 안 먹기, 안 도와주기, 무시하기, 째려보기, 투명인간 취급하기 등 주로 심리적인 공격으로만 괴롭힐 뿐 폭행 등 신체적인 공격으로 괴롭히는 게 아니라서 그렇습니다. 가해 학생으로 지목된 아이들이 '우리는 그 애와 성격이 안 맞아서 그랬는데요.', '딱히 이유는 모르겠지만 왠지 싫어서 그랬는데요.', '그냥 걔하고는 말 섞기 싫어서 같이 안 놀고 피하고 말을 안 했을 뿐인데요?'라고 말하면 솔직히 선생님이나 처벌하는 입장에서 할 말이 없거든요.

▶ 그렇겠네요. 은따의 경우 아이는 세상에 내 편은 고사하고 밥 먹고 말 걸 수 있는 친구조차 없는 극도의 소외감을 느낄 텐데, 나를 이렇게 힘들게 하는 아이들에게 신고하고 싶어도 증거가 없어서 못하고, 아무것도 할 수 없다는 현실에 극도의 무력감과 자괴감을 느끼겠습니다. 부모가 이 사실을 알아도 마음만 아플 뿐

해줄 수 있는 게 없을 것 같고요.

■ 왜 부모님이 해줄 수 있는 것이 없어요? 그럴 때는 '같은 반 학생들은 그저 같은 공간에서 같은 내용으로 공부하고, 같은 화장실을 이용하는 등 같이 생활하는 아이들일 뿐이다. 친구란 오랫동안 사귀어서 서로에 대해 잘 알고 단점이 있어도 타박하거나 비난하지 않고 오히려 감싸주고 보완해 주는 그런 사람이다. 물론 같은 반에 그런 친구가 있으면 좋겠지만 지금은 아닌 것 같다. 나중에 꼭 그런 좋은 친구를 만날 것이다. 그때까지 이 엄마가 친구가 되어줄게. 나랑 수다도 떨고 고민도 얘기하자.'며 위로하고 친구가 되어주거나 좋은 친구를 찾아주려고 노력해야죠. 안 그래요?

 영희 어머니, 혹시 '스따'라는 말 들어보셨나요? 스따는 '스스로 왕따'를 줄인 말인데요, 같은 반이나 친구들한테 어느 날부터인가 은따를 당한다 싶으면 차라리 스따를 해 버리는 것도 아주 좋은 방법인 것 같다는 생각 안 드세요? 제가 아는 여성 변호사님이 계시는데 그 변호사님이 고등학교 때 같은 반 아이들한테 정말 심한 은따를 받다가 어느 날 '이렇게 따돌림을 당하느니 내가 너희 모두를 왕따 시켜버리겠다.'라고 마음먹고는 누구하고 말을 섞지도 않고 놀지도 않고 혼자 책을 보며 공부만 했답니다. 그분은 그때 '스따'가 돼서 변호사가 될 수 있었다고 말합니다.

▸ 정말요? 스따, 그거 정말 좋겠네요. 특히 은따로 마음고생을

심하게 하는 아이들에게는 아주 좋은 대안이 될 수도 있겠습니다. 소외감이라는 것은 남들과 함께하고 싶은데 그렇게 하지 못할 때 느끼는 것이지 혼자서 즐길 줄 아는 사람에게는 아무 소용이 없는 것이잖아요.

다음은 **성폭력**, 성폭력은 성희롱, 성추행, 성폭행 등 성을 매개로 당사자의 의사에 반해 이루어지는 모든 가해 행위를 말합니다. 이러한 성폭력은 오프라인뿐 아니라 모바일 메신저, 온라인 채팅방 등 사이버상에서도 무수히 일어나고 있습니다. 처벌도 아주 무겁습니다.

먼저 **성희롱**, 성희롱은 신체적인 접촉 없이 말이나 행동으로 상대방으로 하여금 성적 불쾌감이나 혐오감을 느끼도록 하는 행위를 말합니다. 온라인, 오프라인, 성별, 학교, 직장 등 시간 장소를 가리지 않고 일어나고 있는데, 성희롱의 대상이 초중고 학생이면 당연히 학교 폭력에 해당합니다.

오프라인에서 발생하는 것에 대해서는 남녀고용평등법상의 직장 내 성희롱과 아동복지법상의 '성적 학대' 처벌 규정만 있을 뿐 형법상에는 처벌 규정이 없습니다. 하지만 온라인에서의 성희롱은 얘기가 달라집니다. 스마트폰 등의 통신매체로 음란한 말이나 글, 영상을 보내 상대방으로 하여금 성적 불쾌감이나 혐오감을 느끼게 하면 성폭력처벌법상의 '통신매체를 이용한 음란 행위죄'로 2

Ⅳ.어떻게 하면 학교 폭력 인지 감수성을 키울 수 있는가

년 이하의 징역 또는 2,000만 원 이하의 벌금에 처해집니다.

'넌 예뻐서 좋겠다.'라는 말도 어떻게 하느냐에 따라 성희롱이 될 수도 있고, '섹시하다.', '딱 내 스타일이다.'라고 말하는 것도 성희롱에 해당됩니다. 직접 대화 상대자는 아니지만 마치 들으라는 듯이 큰소리로 성과 관련된 야한 얘기를 해도 성희롱에 해당될 수 있습니다.

보호자를 포함한 성인(교사 포함)이 만 18세 미만의 아동에게 성희롱을 하게 되면 아동복지법상의 성적 학대에 해당되어 10년 이하의 징역 또는 1억 원 이하의 벌금에 처해지고,
전화나 우편, 컴퓨터 등의 통신매체를 통해서 성적 수치심이나 혐오감을 일으키는 말이나 음향, 글, 영상 등을 상대방에게 보내면 성폭력처벌법상의 '통신매체를 이용한 음란 행위죄'에 해당하여 2년 이하의 징역 또는 2천만 원 이하의 벌금에 처해집니다.

다음, **성추행**은 상대방의 의사에 반해 신체 접촉을 해서 성적 수치심이나 혐오감을 일으키는 것으로 강제추행이라고도 합니다. 뒤에서 갑자기 껴안는 등의 기습 행위도 강제추행이 될 수 있음에 유의하세요. 영화나 드라마를 보면 남자 주인공이 여자 주인공에게 기습 키스를 하는 장면이 나오는데, 이런 장면을 연상해서, 박력 있는 남자로 보이려고 여자 친구한테 기습 키스를 하는 친구들이 있는데 조심하셔야 합니다. 강제추행죄로 바로 고소 들어올

수 있습니다.

 강제추행, 하면 대부분 피해자를 여성으로 생각하는데 여성만 피해자가 되는 게 아닙니다. 남자 중학생이 장난으로 또래 남자의 성기를 만졌다가 강제추행으로 처벌된 사례가 있고, 여학생이 남학생의 가랑이에 손을 댔다가 강제추행으로 처벌된 사례도 있습니다. 이와 같이 남자가 남자에게, 여자가 남자에게, 여자가 여자에게 하는 행위도 성추행이 될 수 있습니다. 그러니 상대가 누구든 동의를 구하지 않은 상태에서의 신체 접촉은 조심해야 합니다.
 강제추행 하면, 대면 접촉 상태에서만 일어나는 것으로 생각하시는 분들이 많은데, 온라인 랜덤 채팅방을 통해 친밀감을 형성한 뒤 오프라인에서의 만남을 유도해서 강제추행을 하는 경우도 많습니다.

 그리고 아이들끼리 장난삼아 똥침을 주는 경우가 종종 발생하는데, 이 똥침을 주는 행위도 강제추행에 해당한다는 판례가 있는 만큼 아이들에게 주의를 줘야 하겠습니다. 성추행의 피해자가 18세 미만의 아동청소년이면 아동청소년의성보호법에 의해 2년 이상의 유기징역 또는 1천만 원 이상 3천만 원 이하의 벌금에 처해지고, 지하철이나 버스, 공연장 등 공중이 밀집하는 장소에서 누군가를 추행하게 되면 성폭력처벌법에 의해 3년 이하의 징역 또는 3천만 원 이하의 벌금에 처해집니다.

Ⅳ.어떻게 하면 학교 폭력 인지 감수성을 키울 수 있는가

다음은 **성폭행**, 성폭행은 주로 강간이나 강간미수를 말하는데요, 폭행이나 협박을 해서 사람을 간음하는 행위를 말합니다.

요즘은 부부간에도 강간죄가 성립한다고 하죠? 그만큼 법원에서 강간죄를 인정하는 범위가 넓어졌습니다. 어떻게 생각하실지 모르겠지만 남녀가 성관계를 가지다가도 여성이 갑자기 그만하라고 하면 곧바로 그만해야 한다는 우스개를 하는데 사실입니다. 실제 그런 일로 고소를 당해서 억울하다고 하소연했지만 유죄로 인정된 사례도 있습니다.

강간 피해자가 19세 미만의 아동청소년이면 아동청소년의성보호에관한법률에 의해 무기징역 또는 5년 이상의 유기징역에 처해집니다. 입이나 항문 등에 성기나 도구를 넣는 유사강간 행위를 했을 때는 5년 이상의 유기징역에 처해집니다. 미수에 그쳤을 때도 처벌되고 예비·음모만 해도 처벌되니까 유의하셔야 합니다.

얼마 전 초등학교 6학년 남학생 둘이 초등학교 3학년 남학생 둘을 놀이터와 공원 화장실에 데리고 가 바지를 내리게 한 뒤 항문에 자신의 성기를 삽입해서 유사 강간으로 처벌된 사례도 있습니다.

그리고 성폭력과 관련해서 우리 어른들도 그렇지만 우리 아이들이 반드시 알아둬야 하는 것들이 있는데, 몇 가지를 이야기하겠습니다.

 아동청소년들은 성적 충동이나 호기심이 강한 반면에 자제력이
약하고 성범죄에 대한 지식이 부족해서 자기도 모르게 성범죄를
저지르는 경우가 많기 때문입니다. 그래서 준강간죄와 준강제추행
죄에 대해서도 알아야 하겠습니다.

 준강간과 준강제추행은 상대방이 깊이 잠이 들었거나 술을 많이
마셔서 정신을 잃은 모습을 보고 순간적인 성적 충동이 생겨 자
기도 모르게 간음을 하거나 신체 주요 부위를 만지는 행위를 말
합니다. 수학여행이나 수련회 등에 갔다가 동성 또는 이성에게 이
런 행위를 하는 경우가 종종 발생하는데 이런 경우 앞에서 말한
강간죄와 강제추행죄와 똑같이 엄하게 처벌됩니다. 신체적인 장애
또는 지적 장애 등 정신적인 장애가 있는 사람을 성폭행하면 성
폭력처벌법에 의해 최고 무기징역까지 엄히 처벌되고, 13세 미만
의 미성년자를 강간하면 성폭력처벌법에 의해 무기징역 또는 10
년 이상의 징역에 처해집니다.

엄하게 처벌하는 '아동청소년 대상 디지털 성범죄'

디지털 성범죄란 디지털 카메라나 휴대전화 등 디지털 매체 및 정보통신기술을 이용한 성범죄와 그로부터 파생되는 온갖 형태의 범죄를 말합니다.

요즘 휴대전화 속의 랜덤 채팅앱을 통해 아동청소년들을 대상으로 성을 사는 성인들도 많고 성을 파는 아동청소년들도 많습니다. 성매수자와 아동청소년을 연결해 주고 돈을 버는 '또래 포주'가 있을 정도입니다. 페이스북이나 인스터그램 등 온라인에서 알게 된 여중학생을 오프라인에서의 만남을 유도한 다음, 여러 명이 번갈아 성폭행을 하고 이 장면을 촬영해서 '하라는 대로 하지 않으면 영상을 인터넷에 뿌려버리겠다.'고 협박해서 조건 만남을 시키는 극악무도한 일이 벌어졌었고, 교사가, 군 장교가, 평범해 보이는 회사원이, 경찰관이, 고등학생이 수천 점의 아동청소년성착취물을 제작하고 유포하는 일들이 실제 일어났습니다. 아동청소년 대상 디지털 성범죄에 해당하는 것들입니다.

피해자 중에는 7세 남자아이가 있을 정도로 성별, 나이 구분 없이 피해를 당하고 있습니다. 그래서 아동청소년 대상 디지털 성범죄가 무엇이고 가 · 피해가 어떻게 이루어지는지 등에 대해 먼저 알고 자녀들에게 알려줘야 합니다.

▶ 아동청소년 대상 디지털 성범죄란 ◀

 아동청소년 대상 디지털 성범죄란, 아동청소년 대상 성범죄 중, 디지털 매체 및 정보통신기술을 이용하여 아동청소년을 대상으로 성착취물을 제작·배포 등을 하거나 아동청소년성착취물을 구입하거나 아동청소년성착취물임을 알면서 이를 소지·시청하는 행위, 19세 이상의 사람이 성적 착취를 목적으로 성적 욕망이나 수치심 또는 혐오감을 유발할 수 있는 대화를 지속적 또는 반복적으로 하거나 그러한 대화에 지속적 또는 반복적으로 참여시키는 행위, 아동청소년 또는 아동청소년의 성을 사는 행위를 알선한 자 등에게 금품이나 그 밖의 재산상의 이익, 직무·편의 제공 등 대가를 제공하거나 약속하고 아동청소년을 대상으로 '성교 행위, 구강·항문 등 신체의 일부나 도구를 이용한 유사 성교 행위, 신체의 전부 또는 일부를 접촉·노출하는 행위로써 일반인의 성적 수치심이나 혐오감을 일으키는 행위, 자위행위'를 하도록 유인하거나 권유하는 행위, 카메라나 그 밖에 이와 유사한 기능을 갖춘 기계장치를 이용하여 성적 욕망 또는 수치심을 유발할 수 있는 사람의 신체를 촬영대상자의 의사에 반하여 촬영('불법 촬영'이라 함)하는 행위 및 촬영대상자의 의사에 반하여 반포 등을 하는 행위, 불법 촬영물을 소지·구입·시청하는 행위를 말한다. 온라인 랜덤채팅앱을 통해 아동청소년의 성을 직접 매수하는 행위도 해당한다.

► 어른들도 모르고 쉽게 저지르는
아동청소년성착취물 소지 · 시청죄 ◄

가 · 피해 학생들이나 학부모들과 상담을 하고 또 사건 처리를 하다 보면, 우리 친구들이 성범죄 관련 법을 몰라서, 또는 누가 제대로 알려주는 사람이 없어서, 너무 쉽게 성범죄의 가해자가 되기도 하고 또 너무 어이없게 피해자가 되는 경우를 자주 봅니다. 그럴 때마다 '우리 아이들이 성범죄의 가해자가 돼서도 안 되고 피해자도 돼서도 안 되는데…' 하면서 너무 가슴이 아프고 안타까웠습니다. 그래서 '언젠가 기회가 되면 꼭 알려줘서, 최소한 몰라서 가해자나 피해자가 되는 일은, 없도록 해주고 싶다.'는 생각을 수도 없이 해왔습니다.

지금부터 우리 아이들이 지금도 알아야 하고 나중에 성인이 되어서도 알고 있어야 하는, 하지만 누가 제대로 알려주는 사람이 없어서 모르는, 아주 중요한 것 하나를 먼저 알려줄 테니까 잘 들어주세요. 이 범죄를 저지른 사람들 거의 모두가 이것을 알았으면 안 그랬을 것이라며 '몰랐던 것을 후회하는 것'이고, 아동청소년에 대한 성범죄를 저지르는 대다수가 성인들이니만큼 우리 학부모님들도 알아둬야 합니다.

먼저 야동, 요즘 아이들이 언제부터 처음 야동을 보는 줄 아세요? 초등학교 때부터 야동을 봤다는 친구들에게 처음 본 게 언제냐고 물으니까 초등 3학년 때부터 봤다고 하고, 야동을 본 후 자위를 너무 자주 해서 '이거 병인가?' 하고 걱정하는 친구도 있었고, 야동을 볼 때마다 죄의식을 느낀다는 친구들도 많았습니다.

 야동을 보는 것 그 자체가 나쁘거나 문제가 되는 건 아닙니다. **하지만 봐서는 절대 안 되는 야동이 있습니다. 여러분이 성인이 되어서도 마찬가지입니다.** 지금도 그렇고 나중에 성인이 되어서도 절대 봐서는 안 되는 야동, 그게 뭘까요?, 바로 19세 미만의 아동청소년, 그러니까 미성년자가 나오는 19금 야동입니다. 왜 보면 안 되느냐?

 19세 미만의 미성년자가 나오는 19금 야동은 법으로 아동청소년 성착취물로 규정해서 보기만 해도 엄하게 처벌하기 때문입니다. 그냥 **보기만 해도 징역 1년 이상에 처합니다.** 벌금형 자체가 없습니다. 공소시효가 10년입니다. 미성년자가 나오는 야동을 본 날로부터 10년 동안 경찰청 사이버 수사대로부터 언제 휴대전화를 가지고 출석하라는 전화를 받을지 모릅니다. 그게 다냐? 아닙니다.

 19금 야동에 나오는 아동청소년이 초중등교육법상의 학생이면 학교 폭력에도 해당합니다. 경찰이 학교에 통보해서 학폭위로부터 처벌을 받고 그 처벌 내용이 생기부에 기재돼서 대학 등 상급 학교에 진학할 때 큰 불이익을 받습니다. 그럼 그게 다냐? 아닙니다. 19금 야동을 보기만 해도 아동청소년 대상 성범죄가 됩니다. 그래서 생각지도 못하는 큰 불이익을 받게 됩니다. 그런데 이런 걸 누가 제대로 알려주는 사람이 없어서 쉽게 저지르고 처벌을 받습니다. 정말 안타깝죠.

아까, 19세 미만의 아동청소년이 나오는 19금 야동을 보기만 해도 징역 1년 이상의 아주 무거운 형벌에 처한다고 했는데, 왜 그렇게 무겁게 처벌할까요? 그것은 아동청소년성착취물이 성적 가치관이나 성 의식이 아직 미성숙한 19세 미만의 아동청소년들을 대상으로 **꼬드기거나 협박을 해서, 정말 악랄하게** 만든 음란물이기 때문에 그렇습니다. 내용을 보면 아동청소년들이 성적 욕구나 수치심을 유발하는 신체 부위를 노출하거나 성행위나 유사 성행위 · 자위행위 등을 하는 것들이거든요. 그래서 그것을 만드는 사람들도 나쁘지만 그것을 보는 사람도 똑같이 나쁘다고 보기 때문입니다. 돈을 주고 보는 사람이 있으니까 만드는 거 아니겠어요! 보는 사람이 없으면 자연히 만드는 사람도 없을 테니까 엄하게 처벌하는 겁니다.

조주빈의 텔레그램 n번방 사건 아세요? 성착취물을 만들어서 텔레그램 n번방을 만들어서 회원들에게 아동청소년성성착취물 등을 보여주고 돈을 버는 행위를 한 사람인데요, 그 성착취물을 만든 과정이 정말 악랄하고 잔인했습니다. 피해자들은 정신적으로 육체적으로 피폐해졌고 인생이 송두리째 망가졌습니다. 그 조주빈이 어떻게 처벌됐는지 아세요? 징역 40년 이상을 선고받고 지금 감옥에서 수감 생활을 하고 있습니다.

아동청소년성착취물 시청죄, 하니까 남의 자녀에게나 일어나는 일로 생각되어지나요? 아닙니다. 누구에게나 일어날 수 있는 일입니다. 왜냐? 지금은 아동청소년 누구나 성착취 위험에 노출되어 있기 때문입니다.

성착취자와 피해 아동을 연결해 주는 매개물이 대부분 휴대전화인데, 거의 모든 아동청소년들이 소지하고 있잖아요. 성착취범들이 SNS, 카카오톡 오픈 채팅방, 랜덤 채팅 앱, 고민 상담 앱, 온라인 게임방, 메타버스, 중고거래 사이트 등 아동청소년들이 모이는 거의 모든 플랫폼에 덫을 깔아 놓고 있거나 접근을 하고 있습니다. 아동청소년들의 심리를 전문가 이상으로 교묘히 이용해서 말입니다.

꾸민 방이 참 예쁘다, 프로필 사진이 예쁘다, 프로필 사진에 있는 강아지가 참 예쁜데 나도 그 강아지 키운다로 접근한 다음 아이스크림 쿠폰을 선물한다든가 게임 아이템을 선물한다든가 하면서 친밀감을 가지도록 하거나 변호사나 청소년 전문 상담사를 사칭해서 고민을 상담해 준다고 접근을 하기도 하고, 비싼 옷 증정

Ⅳ.어떻게 하면 학교 폭력 인지 감수성을 키울 수 있는가

이벤트에 당첨되었다는 문자를 보내서 혹하게 만들거나 연예 기획사라며 프로필 사진을 보니 딱 우리가 찾는 스타일이라고 접근하는 등 접근 수법이 정말 다양하고 교묘합니다. 처음에는 메신저나 SNS 등의 아이디를 알려달라고 했다가 낮은 수위의 신체 부위를 사진 찍어 서로 주고받습니다. 물론 성착취범이 보내준 사진은 가짜지요. 아무튼 사진이나 동영상을 요구하는 수법도 다양합니다. 그러다가 요구하는 수위를 점점 높입니다. 상대 아동청소년이 거절하면 그때부터 협박이 들어갑니다.

자기들이 원하는 대로 찍어서 안 보내주면 네 엄마 아빠부터 SNS상의 다른 친구들한테도 네가 그동안 찍어서 보내준 사진들을 다 올려버리겠다는 식으로 말입니다. 도저히 이해가 안 되겠지만, 이렇게 협박하면 아이들 대부분이 엄마 아빠한테 혼날까 봐, 친구들이 알면 창피하니까 혼자서 고민만 하다가 착취자가 원하는 대로 찍어 보내준답니다. 그래서 그렇게 수위를 점차 높여 가며 성착취를 합니다.

이런 상황에 빠지게 되면 성인들도 성착취자의 요구를 거절하지 못하고 하라는 대로 할 수밖에 없게 된답니다. 말 그대로, 하라는 대로 하는 노예가 된답니다. 하물며 아이들은 어떻겠습니까? 누구한테 말도 못하고 하라는 대로 할 수밖에 없고 또 인터넷에 유포될까 봐 걱정되고 고민돼서 하루하루를 불안에 떨며 지내게 되고, 급기야 자살이라는 극단적 선택을 하기도 합니다.

누군가는 재미로 혹은 호기심으로 본다 하겠지만 피해 아동청소년에게 엄청난 정신적 고통을 겪게 하는 게 바로 아동청소년성착취물입니다. 그래서 시청만 해도 엄하게 처벌하는 것입니다. 참, '아동청소년성착취물 피해 아동?' 하면 피해자가 여자아이만 있는 것으로 생각하는 분이 많은데 남자아이들도 많다는 사실도 아셔야 합니다.

아동청소년성착취물인 19금 야동 시청을 했다가 발생한 정말 어이없는 실화 하나 들려드릴게요.

어느 날 아주 젠틀한 40대 아저씨가 아는 사람한테 소개를 받았다며 저를 찾아왔습니다. 얼굴을 보니까 아주 황당한 일을 당한 사람처럼 보였어요. 그래서 제가 무슨 일이 있었느냐고 물었어요. 그랬더니 "어제 제 핸드폰으로 모르는 일반전화가 왔는데 받을까 말까 고민하다가 받았어요. 그런데 대뜸 '○○○ 씨죠?' 하고 제 이름을 대고는 '저는 경찰청 사이버 수사대 경위 이삼순 경위입니다. 작년에 어느 성인사이트에서 미성년자가 나오는 아동청소년성착취물을 보셨죠? 그 일로 조사할 게 있으니까 언제 몇 시에 휴대전화를 가지고 오세요?'라고 말하는 거예요. 그래서 제가 '난 그런 것을 본 적이 없을뿐더러 그런 것이 뭔지도 모른다.'고 말하니까, 전화하면 다들 그렇게 말한다면서 일단 그날 휴대전화를 가지고 나오세요."라고 말했습니다. 그래서 제가 정말 본 적이 없느

Ⅳ.어떻게 하면 학교 폭력 인지 감수성을 키울 수 있는가

냐고 물었는데 한사코 본 적이 없다는 겁니다. 자기가 봤으면 손에 장을 지지고 눈알을 빼 버리겠다고까지 말했습니다. 잠시 후 제가 혹시 아들이 있느냐고 물었어요. 그랬더니 고2 아들이 하나 있답니다. 아들이 공부도 잘하고 착하고 아주 모범생이라 아들도 절대 보지 않았을 것이라고 말했습니다. 제가 그러냐고 답한 뒤 '아내는 이 내용을 압니까?'라고 물었는데 아내는 아직 모르고 있답니다. 그래서 빨리 아내한테 전화해서 아들을 데리고 오라 했습니다. 제가 왜 아들을 데리고 오라고 했을까요?

맞아요, 아들이 아버지의 주민등록번호를 도용해서 19금 사이트에 회원 가입한 후 미성년자가 나오는 야동을 봤을 것이라는 생각을 했기 때문입니다. 얼마 후 그 친구 아내가 아들과 함께 왔습니다. 그래서 제가 아들에게 물었어요. 혹시 아빠 주민등록번호로 19금 성인사이트에 들어가서 야동을 본 적이 있느냐고? 그랬더니 처음엔 말을 못하고 당황한 표정을 지으며 멍때리더니…그런 적이 있다는 겁니다. 호기심에 그랬답니다… 이후 어떤 일이 벌어졌을까요?

앞에서 말한 미성년자가 나오는 야동을 보면 징역 1년 이상에 처하고 아동청소년 대상 성범죄자가 되어서 나중에 공무원 등을 할 수도 없다는 등의 설명을 했더니 그 아빠와 아내는 얼굴이 노래져서 저를 쳐다보고만 있었고, 아들은 고개를 푸욱 숙이고 눈물을 뚝뚝 흘리면서 "죄송해요, 야동 보는 게 그렇게 무서운 건지 몰랐어요. 죄송해요, 죄송해요…"를 반복했습니다. 그 이후에 어떤 일이 벌어졌을까요? 얼마 후 한숨을 쉬던 아이의 엄마가 침묵을 깼는데, 아주 단호한 표정을 하고는 남편에게 "여보, 당신이 뒤집어써라. 당신은 공무원이 아니잖아. 그러니까 당신이 사이버 수사대에 가서 당신이 봤다고 자백해. 앞날이 창창한 아들을 아동청소년 대상 성범죄자로 만들 수는 없잖아. 당신이 안 그런 것을 내가 알고 아들이 알고, 그러니까 당신이 가서 자백하고 대신 처벌 받아. 제발~"하고 말했습니다. 사정했습니다. 어머니 같으면 이런 경우 어떻게 하시겠어요? (어머니도 그랬을 것라고요? 하하) 그 아빠는 어떻게 했을까요? 아내의 말대로 아들을 위해 경찰청 사이버 수사대에 가서 자기가 봤다고 순순히 거짓 자백을 하고 처벌을 받았습니다. 아들을 대신해서 아동청소년 대상 성범죄자라는 남들이 알까 두려운 영광스러운(?) 별을 달아야만 했습니다. 정말 어처구니없죠?

유사한 이야기를 하나 더 할까요? 워낙 중요하니까 그렇습니다. 올 10월에, 고등학교를 졸업한 지 2년이 된 유명 대학에 다니는 1학년 대학생이 저를 찾아왔어요. 어떻게 왔느냐고 물으니까, 며칠 전에 모르는 번호의 전화가 와서 받았는데, 다짜고짜 '김 ○○씨 되시죠? 저는 경기 남부경찰청 사이버 수사대 홍길동입니다. 2021년 10월경에 아동청소년성착취물을 보셨죠?'하고 묻더래요. 그 대학생은 어떻게 답했을까요? 이렇게 했대요. '무슨 소리예요?

나는 아동청소년성착취물이 뭔지도 모릅니다. 그런데 무슨 아동청소년성착취물을 봤다는 거예요? 그것도 21년 10월이면 제가 고등학교 2학년일 때인데?···'라고 답했대요. 그러니까 경찰이 뭐라고 한지 아세요? '아동청소년성착취물은 19세 미만의 미성년자가 나오는 야동을 말합니다. 저희가 조사한 바로는 작년 10월경 친구분으로부터 아동청소년성착취물을 전송받으셨던데. 시청했는지 안 했는지는 그날 나와서 함께 확인하시죠? 오실 때 꼭 휴대전화를 가지고 오세요'하고 전화를 끊었답니다. 이런 전화를 받으면 어떤 생각이 들까요? 전화를 끊은 순간 그 대학생도 보이스 피싱인가? 하는 생각을 했답니다. 그래서 걸려온 전화번호로 다시 전화를 해 봤대요. 그런데··· 정말 사이버 수사대에서 전화가 온 게 맞고 홍길동이라는 사람이 근무하고 있더랍니다. 그 순간부터 머리가 복잡해지고 뭐가 뭔지 모르겠고 어안이 벙벙해졌답니다.

그 대학생은 한참을 곰곰이 생각하니까 2년 전인 고등학교 2학년 때 미성년자가 나오는 야동을 친구가 보내줘서 본 기억이 나더랍니다. 그래서 그 친구도 자기처럼 경찰청 사이버 수사대에서 전화가 왔는지 물어보려고 했는데, 전화번호가 바뀌었는지 연락이 안 됐대요. 다른 친구들한테 물어봐도 연락처를 아는 친구들이 없었고요. 그래서 누구한테 물어보지도 못하고 답답해서 저를 찾아왔답니다. 며칠간 걱정돼서 입맛도 없고 잠도 안 오고 죽을 맛이었답니다. 그러면서 '학생 때 19금 야동을 본 것도 처벌을 받는지, 군대에 갔다 와서 경찰 시험공부를 하려고 하는데 괜찮은지 등등'에 대해서 물었습니다. 제가 뭐라고 답했을까요? 앞에서 말한 것처럼 '학생, 성인 구별 없이, 19세 미만의 아동청소년이 나오는 19금 야동인 줄 알면서 소지·시청만 해도 1년 이상의 징역형에 처하고, 처벌받으면 아동청소년 대상 성범죄자가 돼서 경찰 시험에 합격을 해도 임용을 못 받을 수 있다.'고 말해줬어요. 이런 말을 들은 대학생의 표정이 어땠을 거 같요? 나라를 잃은 표정을 지었습니다. 19세 미만의 아동청소년이 나오는 야동을 소지·시청하는 것, 대부분의 많은 사람들이 아무렇지 않은 듯이 보지만, 막상 봤다가 걸리면 이렇게 무서운 것입니다.

 그리고 경찰청 사이버 수사대에서 그 청년에게 왜 휴대전화를 가지고 오라 했을까요? 그것은 휴대전화를 포렌식해서 친구로부터 전송받은 19금 야동을 친구 등 다른 사람들에게 보내줬는지 확인해 보려고 그럽니다. 만약 친구 등 다른 사람에게 보내줬으면 유포죄가 추가되거든요(3년 이상의 징역에 처함).
 또 그 친구가 보내준 야동을 본 다른 친구들도 시청죄나 유포죄로 처벌하려고 휴대전화를 가져오라고 합니다. 가만히 앉아서 굴비 엮듯이 줄줄이 엮어서 처벌을 하려고 그러는 것입니다. 실제로 한 친구가 남의 개인정보를 도용해서 19금 야동을 다운로드 받아서 자기도 보고 여러 명의 친구들에게 보낸 사실이 들통나서, 그것을 본 애먼 다른 친구들 15명이 처벌받은 경우가 있습니다. 아무 생각 없이 미성년자가 나오는 야동 한 번 봤다가 어린 나이에, 졸지에, 아동청소년 대상 성범죄자가 돼 버린 겁니다. 정말 어이 없고 안타깝죠.

► 경찰의 신분 위장 수사, 함정 수사 특례 제도 ◄

그런데 이 시점에서 궁금한 게 떠오르지 않나요? 그 대학생이 고등학교 2학년 때 19금 야동을 봤다는 사실을 경찰청 사이버 수사대가 어떻게 알았을까 하는 궁금함요? 사람들이 야동을 혼자서 몰래 보잖아요. 그런데 경찰이 어떻게 알았을까요? 그것은 2021년 9. 24.부터 아동청소년 대상 디지털 성범죄에 대해 경찰이 신분을 위장해서 수사를 할 수 있도록 법이 개정됐기 때문입니다. 이 말이 무슨 말이냐? 19금 음란 사이트에 들어가서 동영상을 보려면 먼저 회원가입을 해야 하는데 회원가입이 쉽지 않습니다. 미성년자나 경찰 등은 음란사이트네에 회원으로 가입하지 못하게 되어 있거든요. 그래서 아동청소년 대상 디지털 성범죄 정보를 수집하고 수사를 하는 사이버 수사대 경찰에게 음란 사이트 회원가입이 가능한 새로운 이름과 주민등록번호 등의 위조된 개인정보를 만들어 줍니다.

그 새로운 신분으로 경찰이 음란 사이트에서 회원가입을 한 후 19세 미만의 아동청소년이 등장하는 야동이 있는지 샅샅이 살펴

보고, 있으면 그것들을 다운로드 받은 다음, 법원에 압수수색영장을 청구합니다. 그러면 대부분의 판사들이 '이런 나쁜 놈들을 봤나, 빨리 가서 모두 잡아와라.' 하고 압수수색 영장을 발부해줍니다. 그러면 그것을 가지고 서버를 압수수색해서 가져온 다음, 포렌식 합니다. 포렌식이 뭔지 아시죠? 지워진 문서나 영상을 복원하는 것을 말합니다. 그러면 누가, 언제, 어떤 19금 야동을 다운로드 받았거나 시청했는지 다 알 수 있습니다. 그런 다음, 앞의 대학생에게 한 것처럼, 한 명 한 명에게 전화를 걸어서 '휴대전화를 가지고 언제 출석하라.'고 합니다.

 그리고 경찰은 아동청소년 대상 디지털 성범죄에 대해서, 신분을 위장해서 수사를 할 수도 있지만, 신분을 공개하지 않고 함정 수사도 할 수도 있습니다. 이것도 조주빈의 텔레그램 n번방 사건 이후에 규정되었는데요, 이게 무슨 말이냐? 원래 경찰은 범인을 검거할 때 먼저 자신의 신분을 정확히 밝혀야 해요. "저는 어디 경찰서 경위 누구입니다.", 이렇게요. 그리고 마약 수사를 제외하고는 상대방을 유인해서 범죄를 저지게 하는, 이른바 함정 수사를 못하도록 되어 있습니다. 그런데 아동청소년 대상 디지털 성범죄에 대해서는 그렇게 신분을 밝히지 않고 함정 수사를 해도 된다는 말입니다. 그럼 어떻게 수사를 하느냐? 궁금하죠? 랜덤 채팅방을 통한 조건 만남, 들어봤죠? 그래요, 바로 경찰이 인터넷의 랜덤 채팅방에 들어가서 자기가 마치 성매수자인 것처럼 행세해서 미성년자를 유인해 만난 다음, 그 미성년자로부터 휴대전화를 임의 제출받아 포렌식해서, 그 미성년자와 성관계를 한 사람들을 다 잡아들일 수 있다는 말입니다. 이렇게 미성년자와 성관계한 성인들의 경우 엄하게 처벌받습니다.

만약 성인이 16세 미만의 미성년자와 성관계를 한 경우에는, 정말로 합의 하에 했더라도, 강간죄로 처벌받습니다. 법정형이 얼마인지 아세요? 징역 3년 이상입니다. 이렇게 중요한 내용들을 모르고 지금도 많은 사람들이 아동청소년 대상 성범죄를 저지르고 있습니다. 물론 그 상대방인 피해자는 우리의 소중한 아이들이고요. 아마, 성인이 된 아들도 모르고 남편분도 모를 겁니다. 알아야 합니다. 법을 몰라서 아동청소년 대상 성범죄가 되면 정말 억울하잖아요! 우리 주위의 사랑하는 사람들 중에 그런 사람이 없어야겠습니다.

▶ 불법 촬영 및 불법 촬영물 소지 · 시청죄 ◀

어느 날, 평소 알고 지내는 고등학교 3학년인 아들을 둔 한 어머님이 저에게 전화를 해서는 '아들이 엘리베이터에서 같은 학원에 다니는 다른 학교 여학생의 치마 속을 핸드폰으로 촬영하다 적발돼서 경찰에 잡혀갔다는 연락을 방금 받았는데 어떻게 해야 되느냐?, 이게 웬 날벼락인지 모르겠다.'며 함께 경찰서에 가서

도와달라고 했습니다. 그래서 그 어머니와 함께 경찰서에 갔는데 글쎄, 핸드폰에 그 학생 외의 다른 여학생들의 허벅지, 치마 속, 엉덩이, 앞모습, 뒷모습 등을 찍은 사진이 여러 장 더 있다는 말을 들었습니다. 이 말을 들은 어머니의 심정이 어떠했을까요? 얼굴이 노래지면서 그 자리에서 쓰러지셨습니다. 평소 얌전하고 성실한, 공부도 잘하는 모범생이었던 아들이 여학생들 치마 속을 몰래 촬영을 하고 다녔다는 사실이 믿기지가 않았고 그것도 수능을 코앞에 두고 적발돼서 조사를 받게 되었으니 안 쓰러지는 게 더 이상하겠지요?

 이렇게 핸드폰 등으로 성적 욕망이나 수치심을 유발할 수 있는 타인의 신체를 몰래 촬영하면 어떤 처벌을 받는지 아세요? 성폭력범죄의처벌등에관한특례법에 따라 7년 이하의 징역 또는 5천만 원 이하의 벌금에 처해집니다. 기소되어 법원에서 선고유예를 선고받더라도 보호관찰을 받아야 하고, 성범죄 예방 프로그램 교육도 이수해야 합니다. 많은 돈의 위자료를 주고 합의를 해야 그나마 선처를 받을 수 있습니다. 위자료를 주지 않으면 보호자인 부모님과 함께 민사소송을 당할 수 있습니다. 피해자가 19세 미만의 아동청소년일 경우에는 아동청소년 대상 성범죄자가 됩니다. 또 가해자와 피해자가 학생이면 경찰이 학교에 통보해서 학교 폭력으로 처벌도 받습니다. 피해 학생은 학교폭력예방법에 의한 심리 상담 치료를 받을 수 있고 가해자는 피해 학생의 심리 상담 치료비를 물어줘야 함은 물론이고 학폭위에 회부돼서 출석 정지나 강제 전학 등의 중징계를 받게 됩니다. 물론 대학에 갈 때 불이익도 받게 되고요.

어른이고 아이들이고 많은 분들이 단순히 몰카로 알고 있는, 성적 욕구나 수치심을 유발할 수 있는, 타인의 신체 부위를 몰래 불법 촬영을 하면 이렇게 엄청난 후폭풍이 일어납니다. 그런데도 이러한 후폭풍이 있음을 모르고 엘리베이터에서, 화장실에서, 복도에서, 백화점 등에서 어린 아동청소년들이나 성인 여성들의 치마속이나 가슴, 엉덩이 등을 몰래 촬영하는 사람들이 많습니다. 왜 그럴까요? 제가 물어봤습니다. 왜 그랬냐고? 그리고 이런 후폭풍을 몰랐느냐고? 알았어도 했을 거냐고?, 그랬더니 뭐라고 답한줄 아세요? 호기심에 그랬고, 그런 일들이 일어난다는 것을 몰랐고, 생각도 못했답니다. 알았으면 절대 안 했을 거랍니다.

그 학생도 그렇게 대답했어요. 결국 그 학생은 수능을 잘 봐 높은 점수가 나왔음에도 그 해에 대학을 들어가지 못하고, 그다음 해에 들어갔고, 2학년 때 군인이 되고 싶다며 ROTC를 지원했습니다. 가족들뿐 아니라 주위 친구들도 모두 당연히 선발될 것으로 생각하고 있었습니다. 열심히 공부해서 학점이 아주 좋았거든요. 그런데 떨어졌어요. 왜 떨어졌을까요? 아동청소년 대상 성범죄를 저지른 사실이 탄로 났던 것입니다. 군인이나 경찰 등 공무원은 선발할 때 신원조회를 하는데 그때 범죄경력만 하는 게 아니라 수사자료 조회도 합니다. 수사자료는 20년, 30년이 지나도 남아 있거든요. 그렇게 수년이 지나도 어떤 사건으로 수사를 받아 기소되거나 소년부 송치된 사실이 알려져 불이익을 받게 됩니다. 그래서 멋모르고 또는 호기심으로, 중고등학교 시절에 저지른 아동청소년 대상 성범죄가 무섭습니다. 이 점을 꼭 알아야 하고 자녀들과 주위 친구들에게도 알려줘야 합니다.

 그리고 또 알아야 하는 것이 있습니다. 그게 뭐냐? 그렇게 찍은 불법 촬영물을 소지하거나 시청만 해도 처벌을 받는다는 사실입니다. 성 관련 불법 촬영물을 소지하거나 시청만 해도 3년 이하의 징역 또는 3천만 원 이하의 벌금에 처해집니다. 그러니까 다른 사람의 동의 없이 몰래 성적 욕구나 수치심을 느끼게 하는 불법 촬영물을 촬영해서도 안 되고, 친구가 보여주거나 핸드폰으로 전송해 주면 절대 보시면 안 된다는 점을 자녀 등에게 알려줘야 합니다.

 모 중학교에서 1학년 남학생이 자기 학교 3학년 선배를 몰래 찍은 다음 친구들과의 단톡방에 올려서 성희롱성 야한 문자를 서로 주고받았는데, 이 사실을 피해 여학생이 우연히 알게 돼서 학교폭력으로 신고를 했고, 경찰에도 신고를 한 경우가 있었습니다. 단톡방에서 야한 말들을 주고받은 학생들 5명 모두 명예훼손 · 모욕죄로 형사처벌을 받았고, 학폭위에 회부돼서 사진을 몰래 찍어 단톡방에 올린 학생은 강제 전학, 올라온 사진을 보고 성희롱성 야한 문자를 주고받은 다른 친구들은 4호 처분인 출석 정지 등의 처분을 받았습니다. 물론 생기부에 그런 처벌 내용이 기재되었고요.

 그리고 앞에서도 말했지만, 연인이나 부부 관계로 지낼 때 상호 동의하에 촬영한 성생활 등 은밀한 사생활을 담은 사진이나 영상을 헤어졌다고 해서 복수심에 이를 인터넷에 유포하는 행위(리벤지 포르노 유포)를 하면 안 됩니다. 상대방의 동의를 구하고 촬영했다 하더라도 상대방의 동의를 구하지 않고 무단으로 유포하는 행위는 불법행위로 3년 이하의 징역 또는 3천만 원 이하의 벌금에 처해지기 때문입니다.

 최근 혼인 생활 중 촬영한 전 부인의 사진 및 동영상을 (이혼 후 전 부인이 다른 남자와 사귀자) 복수심에 불타 혼인 관계 중에 상호 합의 하에 촬영한 사진 및 동영상을 인터넷에 유포하고, 전 부인의 부모 형제, 직장 동료, 친구들에게 영상을 올린 인터넷 사이트를 링크해서 보내 전 부인의 삶을 망가트리는 일이 발생했는데, 법원은 전 남편(피고인)의 죄질이 매우 불량하고 피해 여성의 정신적 고통이 상상조차 하기 힘들다며 법정 최고형인 징역 3년의 실형을 선고했습니다. 행위의 악랄함과 피해 여성이 입은 피해의 정도에 비해 형량이 너무 적다고 생각되는데 속히 법정 최고형을 높이고 관련 교육의 필요성이 절실하다 하겠습니다. 앞으로 이러한 사적 복수가 급증할 것이 예상되기 때문입니다.

► 허위 합성음란물 제작 · 유포죄 ◄

딥페이크가 뭔지 아세요? 딥페이크는 인공 지능 기술을 활용해서 어떤 인물의 얼굴이나 특정 부위를 합성한 영상 편집물을 말합니다. 쉽게 말하면, AI 기술을 이용해 친구의 몸에 아인슈타인의 얼굴을 합성한 것을 말합니다. 요즘은 그 기술이 고도화돼서 목소리까지 정말 똑같이 만들어낼 수 있습니다. 그래서 목소리까지 똑같이 해서 신종 보이스 피싱이 일어나고 있습니다.

실제로 외국에서 회사 대표의 사진과 목소리를 구한 다음, 재무 담당 직원에게 영상 통화로 어떤 계좌에 얼마를 이체하라고 지시해서 그 딥페이크 인물이 진짜 자기 대표인 줄 알고 보이스 피싱 사기꾼이 시키는 대로 이체를 하는 사건이 벌어졌습니다. 이렇게 요즘은 진짜보다 더 진짜처럼 합성물을 만들어냅니다.

문제는 이러한 딥페이크 기술이 음란물을 만드는데도 활용되고 있다는 것입니다. '연예인 누구 음란 동영상'으로 인터넷이나 유튜브에 나도는 것들 대부분이 이렇게 만들어진 허위 음란 합성물들입니다.

초등학생들 사이에서 이러한 딥페이크를 활용해서 문제가 되는 경우도 많습니다(인터넷에서 딥페이크를 검색해 쉽게 프로그램을 다운로드 받아 합성물을 만들 수 있습니다). 친구의 얼굴을 개나 돼지 몸통과 합성해서 단톡방에 올리고는 서로 재미있다고 웃어 대기도 하거든요. 이러한 행위를 해당 학생이 신고하면 학교 폭력으로도 처벌받을 수도 있고, 모욕죄 또는 명예훼손죄에 해당돼서 형사처벌도 받을 수 있습니다. 생각해 보세요, 남들이 내 얼굴을 개나 돼지, 소 몸통에 합성해서 이를 보고 웃어댄다면? 정말 기분 나쁘잖아요.

 모 중학교에서는 같은 반 여학생의 얼굴을 벌거벗은 나체와 합성한 다음, 이 음란 합성 사진과 함께 '고백했는데 차였어요. 능욕해 주세요'라는 글을 올려서 불특정 다수인들로 하여금 온갖 악성 댓글을 달게 한 학생이 있었습니다. 이렇게 허위 합성음란물을 만들거나 유포하면 5년 이하의 징역 또는 5천만 원 이하의 벌금에 처해집니다. 물론 상대방이 학생이니까 학교 폭력에 해당돼서 별도로 학폭위로부터 중징계도 받습니다.

 모 고등학교에서는 이보다 더 황당한 일이 일어났는데요, 어느 날 피해 여학생이 같은 반 여학생한테 '너하고 똑같이 생긴 얼굴을 한 배우의 음란물이 해외 음란 사이트에 돌고 있대.'라는 말을 듣고. 그 친구와 함께 그 음란사이트에 들어가 확인을 했는데, 정말 자기의 얼굴을 한 음란물이 올라와 있었대요. 이를 본 그 피해 여학생의 기분이 어땠을까요? 그 여학생은 자기 주위에 있는 누군가가 자기 얼굴과 음란물을 합성해서 올린 것이라 생각하고 곧바로 경찰에 신고했습니다. 신고를 하고 빨리 범인이 잡히길 손꼽아 기다리고 있는데 자꾸 같은 반 남자 친구가 '해외 사이트는 서버가 해외에 있어서 우리나라 경찰이 범인을 잡지 못한대.'라고 말하면서 힘 빠지는 소리를 하더랍니다.

자기도 그런 얘기를 들어서 나름 그런 생각을 하고 있었는데, 막상 그런 소리를 들으니까 힘이 더 빠지고 우울해졌습니다.

그렇게 힘든 시간이 흘러 약 6개월 정도 지났을 무렵 경찰청 사이버 수사대로부터 범인을 찾았다는 연락을 받았습니다. 정말요? 하고 달려가서 '대체 누가 그랬어요?' 하고 물은 뒤 누가 그랬다는 경찰의 말을 듣고 깜짝 놀랐습니다. 왜 놀랐는지 아세요? 그 음란 합성물을 올린 사람이 바로 서버가 해외에 있어서 범인을 잡기가 힘들다고 말한 그 같은 반 남자 친구였기 때문입니다. 그 친구는 어릴 때부터 유치원, 초등학교, 중학교뿐 아니라 고등학교에까지 같이 다니는 그런 친구였거든요. 그 이후 어떻게 됐느냐고요? 그 남학생뿐 아니라 그 부모님까지 집에 찾아와 무릎 꿇고 싹싹 빌었습니다.

그리고 다른 학교에 다니는 모 고등학생은 자기 주변에 있는 여자들, 그러니까 같은 반 여학생, 같은 학원에 다니는 여학생, 같은 학교 여자 선배, 심지어 여선생님의 얼굴을 음란물과 합성해서 태블릿 PC에 저장해서 보관하고 있다가 이를 우연히 발견한 같은 반 친구가 경찰에 신고해서 처벌받은 경우도 있습니다. 그 학생의 태블릿 PC에 2,000여 점의 사진과 허위 합성물들이 있었답니다. 문제는 이렇게 허위 음란 합성물을 만드는 사람들이 '취미'라고 생각한다는 겁니다. 요즘은 이러한 엽기적 행위를 나름 독특한 취미라고 한답니다.

►성착취 등의 성범죄를 당했다면? 신고만이 답이다◄

요즘 랜덤 채팅앱을 통해 모르는 사람들에게 성착취 등의 성범죄를 당하는 어린아이들이 너무 많습니다. 상대가 눈앞에 없으니까 경계심을 늦추고 성착취자들의 농담이나 장난 섞인 문자에 쉽게 응하다 그런 일을 당합니다. 내 아이는 그런 일 없을 것이다? 아닙니다. 휴대전화 등 인터넷 매체에 갇혀 있는 이상 누구에게나 일어날 수 있는 일입니다. 그래서 메타버스나 페이스북 등 각종 SNS 상에서 모르는 사람이 나를 칭찬하고 칭찬하고 잘해주는 것은 내가 생각지 못하는 어떤 나쁜 속셈이 있어서 그러는 것이다, 세상에 공짜 점심은 없다는 점을 분명히 알려줘야 합니다. 자기가 지금 성범죄의 타겟이 되었음에도, 그 사실을 모르고, 그냥 잘해주니까 만남을 계속하다가 성착취, 강간 등의 성폭행을 당한 사례나 뉴스를 들려주면 더 좋습니다. 경각심이 훨씬 커지거든요.

성착취나 성폭행? 하면, 그 대상이 여자로만 생각하는 사람이 많은데 절대 그렇지 않습니다. 남자아이들도 많습니다. 여자가 여자를 하는 경우도 있고, 남자가 남자를 하는 경우도 있고 여자가 남자를 대상으로 하는 경우도 있습니다.

그럼, 누군가가 나를 성착취 하고 그를 빌미삼아 협박을 해대거나 성착취물을 인터넷에 유포했다면 어떻게 해야 할까요? 신고해야죠! 그런데 이렇게 당연한 걸 제가 왜 물어볼까요? 말로는 그렇게 답하지만 실제로는 신고를 안 하는 친구들이 많이 있기 때문입니다. 신고를 하면, 엄마 아빠가 알게 되고, 엄마 아빠가 알게 되면 혼나고 SNS를 못하게 할까 봐서, 신고를 안 하다 더 큰 고통을 겪은 아이들을 많이 봤기 때문입니다. 그러면 안 됩니다. 호미로 막을 일을 가래로도 못 막게 됩니다. 실수로라도 성착취를 당했고 또 그로 인해 협박을 당하면 곧바로 엄마 아빠한테 말을 하고 경찰에 신고를 하도록 해야 합니다. 약점을 미끼로 계속해서 협박을 일삼으며 괴롭히기 때문입니다. 성착취범들은 신고해야 멈춥니다. 그런 사람들은 신고할 때까지 멈추지 않습니다. 불법 촬영물을 찍어 협박하거나 허위 합성음란물을 만들어 협박하는 경우에도 마찬가지입니다. 이런 경우 '신고만이 답이다.'라는 것, 반드시 명심하세요.

아동청소년 대상 성범죄에 대하여

 아동청소년 대상 성범죄는 만 19세 미만의 아동청소년을 대상으로 한 성범죄를 말합니다(앞에서 말한 아동청소년 대상 디지털 성범죄도 아동청소년 대상 성범죄에 해당합니다). 그럼, 아동청소년 대상 성범죄에는 어떠한 것들이 있을까요? 아동청소년들 대상으로 한 성희롱, 강제추행과 같은 성추행, 강간이나 성착취와 같은 성폭행, 아동청소년의 성을 사거나 알선(조건 만남), 유인하는 행위, 통신매체를 이용한 음란 행위 등이 있습니다. 앞에서 말한 불법 촬영물도 아동청소년을 대상으로 한 것이고 성적 욕구나 수치심을 느끼게 하는 것이면 아동청소년 대상 성범죄가 되고 소지 · 시청만 해도 아동청소년 대상 성범죄가 됩니다. 성과 관련된 행위를 아동청소년을 대상으로 하거나, 피해자가 아동청소년이면 모두 아동청소년 대상 성범죄가 된다고 알면 됩니다.

 앞에서 이야기한 것처럼 대상 성범죄가 되면, 어린 학생일지라도 형사 처벌을 받게 되고 받게 되고, 나중에 경찰이나 군인 등 공무원 시험에 합격하고도 임용을 받지 못할 수도 있고, 유치원이나 교사 등 아동청소년 관련 기관에 취업하지 못할 수도 있습니다. 교사 등 공무원들도 아동청소년 대상 성범죄를 저지르는 경우가 많은데, 공무원의 경우 벌금 100만 원만 선고받아도 해임 내지

파면될 수도 있습니다. 그렇게 되면 사회의 지탄을 받을 뿐 아니라 그동안 쌓아온 명예가 하루아침에 물거품처럼 사라집니다. 수년을 경찰서에 가서 신체 앞면, 옆면을 촬영하고 몸무게, 키, 실주거지 주소, 전화번호, 이메일까지 등록해야 할 수도 있고, 해외여행을 못할 수도 있습니다.

아동청소년 대상 성범죄를 저질렀을 때 벌어지는 일들에 대해 아는 것도 중요하지만, 피해를 당했을 때 혼날까 봐서, 창피해서, 남들이 알면 이상한 사람 취급 당할까 봐서… 말을 못하고 혼자서 고민하고 괴로워하는 아이들이 많다는 것도 아셔야 합니다.

바로 이점 때문에 우리 학부모님들이 아동·청소년 대상 성범죄에 대해 알고 있어야 하고 아이들이 말을 하지 않아도 인지 감수성을 지니고 있어서 알아야 하고 느껴야 합니다. 피해자 연령대를 보면 초등학교 1, 2학년생도 있고, 가해자 역시 초등학교 3~4학년부터 성인에 이르기까지 다양하기 때문입니다. 그래서 성폭력 관련 인지 감수성을 지니고 키워야 합니다.

►아동청소년 대상 성범죄의 공소시효 특례 제도◄

공소시효가 무엇인지 아세요? 그래요, 공소시효란 어떤 범죄를 저질렀지만 일정 기간이 지나면 처벌을 안 하는 제도입니다. 상해, 폭행이나 명예훼손, 모욕, 성폭력 등 대부분의 공소시효는 범죄를 저지른 날부터 진행이 됩니다. 그럼 아동청소년 대상 성범죄의 공소시효는 언제부터 진행될까요? 아동청소년 대상 성범죄는 '피해자가 성인이 된 날로부터' 진행됩니다. (아동학대도 피해 아동이 성인이 된 날로부터 공소시효가 진행됩니다). 이것을 모르는 아동청소년이 많고 대부분의 어른들도 모르고 있습니다(가족들이나 주위 친구들에게 한 번 물어보세요. 제 말이 맞나 틀리나).

단순 강간이나 강제추행은 공소시효가 최소 10년인데, 15살에 강간이나 강제추행 등 성범죄를 당했다면 19살이 되기 전까지는 공소시효가 진행되지 않고 정지되어 있다가 19살이 되는 날부터 진행된다는 말입니다. 15살에 성폭행을 당했는데 남들 눈이 무서워서 신고를 못하고 있다면 성인이 된 이후 10년 내에, 그러니까 가해자가 한창 잘나갈 때나 취직 시험 준비할 때 신고해서 처벌을 받게 할 수 있다는 말입니다. 또한 지금은 누가 했는지 모르지만 가해자의 정자나 cctv 등 과학적 증거가 있으면 공소시효가 10년 더 연장됩니다. 그리고 피해자가 13세 미만이면 공소시효가 아예 없습니다. 30년 40년이 지나도 증거만 있으면 처벌할 수 있다는 말입니다.

제가 왜 이런 말을 할까요? 또래 친구나 선배, 친척, 심지어 선생님이나 가족, 목사님, 채팅을 통해 알게 된 사람한테 강간 등의 성폭행을 당하고도 '창피해서, 남들이 이상하게 볼까 봐서, 보복이 두려워서' 누구한테 말도 못하고 신고를 못한 채, 두려움과 분노에 떨면서 혼자 좌절하고 우울해하며 힘들어하는 친구들이 있기 때문입니다. 바로 그런 친구들에게 성인이 되어서도 고소를 해서 처벌을 받게 할 수 있고 민사상의 손해배상도 청구할 수 있다는 희망을 주기 위함입니다. 그런 희망이라도 있어야 하루하루를 버틸 수 있기 때문입니다. 그리고 호기심에 또는 성적 욕구를 절제하지 못하고 충동적으로 성범죄를 저지르는 친구들이 있는데 그러한 친구들에게 성범죄를 저지르면 반드시 처벌받는다는 점을 분명히 알게 해서 경각심을 주기 위함입니다.

아동 · 청소년의 성범죄에 대한 공소시효 특례 제도
(아동 · 청소년의 성보호에 관한 법률 제20조)

① 아동 · 청소년 대상 성범죄의 공소시효는 아동 · 청소년이 성년에 달한 날부터 진행한다.

② 디엔에이(DNA) 증거 등 그 죄를 증명할 수 있는 과학적인 증거가 있는 때에는 공소시효가 10년 연장된다.

③ 13세 미만의 사람 및 신체적인 또는 정신적인 장애가 있는 사람에 대한 성범죄의 경우에는 공소시효를 정하지 아니한다.

　　　Ⅳ.어떻게 하면 학교 폭력 인지 감수성을 키울 수 있는가

'그루밍 성범죄'에 대하여

그루밍 성범죄는 피해자에게 먼저 신뢰감과 친밀감을 얻은 다음 나중에 성착취나 성폭행 등 성과 관련된 범죄를 저지르는 것을 말하는데요, 이 그루밍 성폭력은 오프라인에서도 일어나지만, 요즘은 익명성이 보장된다는 채팅 앱상에서 이루어지기도 하고, 온라인과 오프라인을 넘나들며 일어나기도 합니다. 피해자 중에는 여자아이도 있지만 남자아이도 있습니다. 그리고 가해자의 경우, 성인도 있지만 미성년자도 있습니다. 그래서 우리 학부모님들이 꼭 알아두셔야 하는 성범죄 중 하나라 할 수 있습니다.

그루밍 성범죄가 일반 성범죄와 다른 가장 큰 특징은 성에 대한 정체성이나 가치관이 정립되지 않은 아동 · 청소년이 주 피해자이고, 피해자가 가해자에게 정신적, 심리적으로 지배되어 있거나 길들여져 있어서, 가해 행위가 장기간 이루어짐에도 자신이 당하고 있는 일이 성폭력이라는 사실을 인지하지 못하거나 인지를 하더라도 두려움이나 벗어날 수 없다는 무력감 등으로 인해 강하게 반항을 하거나 쉽게 외부에 알리기가 어렵다는 것입니다. 그루밍 성범죄가 오프라인, 온라인 구분할 것 없이 일어나고 있는데요, 몇 가지 예를 들어보겠습니다.

먼저 가출한 어린 중학생에게 모텔을 얻어주고 밥도 사주면서 고민도 들어 주고 아르바이트 자리도 알아봐 주는 등 정말 좋은 아저씨처럼 행동하다가 서서히 좋아한다, 사랑한다는 말을 하며 스킨십을 하다가 급기야는 성관계를 갖고 임신까지 시킨 사례가 있습니다.

피해 여학생은 가해자의 환심에 고마움과 친밀감을 가졌고, 사랑한다며 사랑하는 사이끼리는 이러는 거란다며 가해자의 요구를 자연스럽게 받아들이도록 길들여져 있어서 반항할 생각조차 못했답니다.

그 외에도 교회 목사가 여신도들에게 자기는 하나님이 보낸 사자라며 영적으로 지배한 다음 수년 간 미성년자뿐 아니라 여신도들을 그루밍 성폭행한 사건이 있었고, 기간제 교사가 형편이 어려운 여학생에게 신용카드를 줘서 먹고 싶은 것을 사 먹으라 하고, 약도 챙겨주고, 교과목 답안지를 정정하게 해주는 등의 환심을 산 뒤 성폭행을 한 사건이 있었고, 부모에게 말 못하는 고민을 친삼촌에게 말하다가 어느 날부터 수년간 성폭행을 당하고도 누구한테 말도 못한 초등학생이 있었습니다.

위와 같이 오프라인의 경우에는 교사와 학생, 수도자와 교인, 친구관계 등 수직적이거나 친밀한 관계에서 발생하는 경우가 많지만, 온라인의 경우에는 앞에서 아동 · 청소년 성착취 수법과 같이 채팅앱으로 접근해서 공통된 관심사나 취미, 흥미와 같은 것으로

Ⅳ.어떻게 하면 학교 폭력 인지 감수성을 키울 수 있는가

친밀감을 형성한 다음 얼굴 사진을 요구하는 등의 낮은 수준의 성착취로 시작해서 점차 수위를 높여 가거나, 고민 상담 앱을 통해 신뢰감 내지 친밀감을 형성한 다음 오프라인으로의 만남을 유도하거나, 게임 초보들을 대상으로 레벨 올리는 방법을 알려주겠다고 유인해서 친절하게 설명해 주며 게임 아이템이나 기프티콘 등의 선물을 자주 주는 방법으로 환심을 사거나 친밀감을 형성해서 자신의 요구를 거절할 수 없도록 만든 다음, 성착취를 하거나 오프라인으로의 만남을 유도해서 성범죄를 저지르는 경우가 많습니다.

그루밍 성범죄 가해자들이 아직 어린 피해 아동들에게 잘 쓰는 말이 '우리 둘만의 비밀이니까 우리만 알자, 누구에게도 말하면 안 돼, 엄마 아빠가 알면 엄청 혼날 거야.'입니다. 그래서 아이들이 엄마 아빠한테 말을 하지 않습니다.

아, 그루밍 성범죄의 가해자가 성인들일 것이라고만 생각하신다면, 그건 큰 착각입니다. 얼마 전, 그루밍 수법으로 여중생들에게 성착취 동영상을 받아서 이를 미끼로 협박해서 금품을 갈취하고 성폭행까지 저지른 10대에게 징역 9년이 선고된 사실이 있습니다. 이처럼 학생 신분인 10대들도 많습니다. 우리의 소중한 아이들이 그루밍 성범죄의 피해자가 되어서도 안 되지만 가해자가 되어서도 안 되니까 경각심을 가져야 하겠습니다.

스토킹 범죄에 대하여

2021년도에 스토킹 처벌법이 제정된 것을 알고 계시죠? 요즘 스토킹 행위로 인해 피해를 보는 여성들이 증가하고 있어서 사회적으로 문제가 되고 있는데, 이러한 범죄가 성에 대한 잘못된 인식으로 벌어지고 있느니만큼 성적 정체감이나 가치관이 정립되지 않은 아동청소년들에게 올바른 교육을 할 필요가 있겠습니다. 사실 학생들 사이에서도 예사로 일어나고 있거든요. '열 번 찍어 안 넘어가는 나무 없다, 골키퍼 있다고 골 안 들어가느냐.'는 말이 아이들 사이에서도 우스개처럼 회자되고 스토킹을 부추기는 경우까지 있습니다(성 관련 스토킹에 대해 이야기하지만, 성과 무관한 스토킹 범죄도 많습니다)

스토킹 범죄를 일으킨 사람은 징역 3년 이하의 징역 또는 3천만 원 이하의 벌금에 처하고, 흉기와 같은 위험한 물건을 휴대하거나 이용해서 하는 사람은 5년 이하의 징역 또는 5천만 원 이하의 벌금에 처합니다. 그리고 스토킹 치료 프로그램 이수 명령이나 집행유예 시 보호관찰·사회봉사를 함께 부과할 수 있습니다.
예전에는 10만 원 상당의 과태료를 부과했는데 처벌 기준이 엄청 세졌죠? 그만큼 우리 사회에 스토킹으로 인해 고통받는 여성이 늘고 있어 사회적으로 심각하다는 말입니다.

Ⅳ.어떻게 하면 학교 폭력 인지 감수성을 키울 수 있는가

얼마 전 자신의 사랑을 받아주지 않는다면서 수십 차례 쫓아다니다가 결국 납치 살인까지 저지른 사건이 있었듯이 스토킹으로 인한 범죄가 특성상 살인 등 강력 범죄로 이어질 개연성이 높기 때문에 앞으로 스토킹 범죄자들에게 성범죄자들처럼 실형을 선고받으면 전자발찌를 부착하도록 하는 등 처벌이 더욱 강해질 것이라는 점, 우리 학부모님들이 알고 자녀들에게 알려주시면 좋겠습니다(참고로 저는 아이들에게 이런 말을 한답니다. '사람은 사랑하는 사람과 사는 게 아니라 서로 사랑하는 사람과 사는 거다. 그러니까 좋아는 하되 지나치게 집착은 하지 말자. 지나친 집착은 사랑하는 상대를 구속하고 괴롭히는 폭력이다.'라고 말합니다).

스토킹 범죄란 지속적 또는 반복적으로 스토킹 행위를 하는 것을 말하는데요, 스토킹 행위란 다음과 같습니다.

'스토킹 행위'란 상대방의 의사에 반하여 정당한 이유 없이 상대방 또는 그의 동거인, 가족에 대하여 다음 하나에 해당하는 행위를 하여 상대방에게 불안감 또는 공포심을 일으키는 것을 말한다. ① 접근하거나 따라다니거나 진로를 막아서는 행위 ② 주거, 직장, 학교, 그 밖에 일상적으로 생활하는 장소(이하 '주거 등'이라 한다) 또는 그 부근에서 기다리거나 지켜보는 행위 ③ 우편 · 전화 · 팩스 또는 인터넷이나 스마트폰 등 정보통신망을 이용하여 물건이나 글 · 말 · 부호 · 음향 · 그림 · 영상 · 화상(이하 '물건 등'이라 한다)을 도달하게 하는 행위 ④ 직접 또는 제3자를 통하여 물건 등을 도달하게 하거나 주거 등 또는 그 부근에 물건 등을 두는 행위 ⑤ 주거 등 또는 그 부근에 놓여져 있는 물건 등을 훼손하는 행위

 일전에 좋아하는 여자 친구한테 차일까 봐 좋아한다는 말을 못하고 혼자 가슴앓이를 하는 한 학생에게 "그냥 가서 사귀고 싶다고 말해라, 거절당하면 '그래 알았어, 대신에 나중에 멋진 사람이 돼서 찾아올 테니까 그때는 받아줘.' 하고 쿨하게 되돌아선 다음 진짜 멋진 사람이 되려고 노력하면 되잖아?"라고 말해줬습니다.

▸ 그래서 그 남학생은 고백을 했대요? 어떻게 됐대요?

■ 궁금하세요? 했는데 차였답니다. 그래서 제가 말한 대로 말하고 멋진 사람이 되려고 지금 열심히 공부하고 있습니다.

▸ 누군가가 내 허락도 없이 몰래 훔쳐보거나 미행한다는 생각만 해도 소름이 돋는데요, 이렇게 스토킹을 당하면 어떻게 해야 돼요?

■ 경찰에 신고부터 해야 합니다. 그래야 신변의 안전을 지킬 수 있습니다. 또 다시 찾아올 것 같으면 경찰에 '긴급 응급 조치'를 요청하세요. 그러면 경찰은 가해자에게 '피해자와 주거 등으로부

터 100미터 이내 접근 금지', '문자, 카톡 등 전기통신을 이용한 접근 금지'를 통지하는데 가해자가 이를 이행하지 않으면 1,000만 원 이하의 과태료에 처합니다.

아이들을 존중할 줄 아는 사람으로 키우자

▶ 강사님, 학교에서 선생님의 말을 안 듣고 말썽을 피우기 일쑤고, 다른 아이를 때리기도 하고, 심지어 선생님한테 욕하고 대드는 아이들에게 '가정교육이 안 됐다.', '인성 교육이 안 됐다.'고 하는데, 따지고 보면 그게 다 우리 학부모를 욕하는 것이잖아요? 가정에서 아이들 인성 교육을 솔직히 뭘 어떻게 해야 하는 것인지 잘 모르겠어요. 우리 학부모들이 가정에서 아이들에게 가르쳐야 할, 학교 폭력도 줄일 수 있는, 인성 교육 중 딱 한 가지를 든다면 뭘까요?

■ 아이들 가정교육, 인성 교육 참 어려운 일이죠. 왜 어렵냐? 처음이라서 그래요. 이 세상 처음 살아보고, 부모 역할도 처음 해보고, 육아도 처음이고. 아마 인생을 두 번 산다면 다들 정말 잘할 거예요. 다 부자로 살고 말이에요? 안 그런가요?

저는 부모가 자녀들에게 가르쳐야 할 가정교육 내지 인성 교육 중 딱 하나만, 그것도 학교 폭력을 예방할 수 있는 것으로 꼽자면, '아이들을 존중할 줄 아는 사람으로 키우자.'입니다.

'존중하다'는 '높이어 귀중하게 대하다'는 의미입니다. 나를 존중하고 남을 존중하는 마음, 그러니까 '나를 높여 귀중히 대하고, 남을 높여 귀중히 대하는 마음'이야말로 사람이 가져야 할 가장 아름다운 인성이 아닐까요? 나를 높여 귀중히 대하는 사람은 자존감이 높고, 남을 높여 귀중히 대하는 사람은 남에게 피해를 주지도 않고 남을 괴롭히지 않습니다. 다름을 인정하고 관계를 소중히 여길 줄 알죠.

나를 존중하는 마음이 있는 사람은 좀 부족하고 모자라도 자신에게 '잘했어.', '오늘도 수고했어.', '난 남과 다를 뿐 못난 게 아니야.'라며 자신에 대해 항상 긍정적으로 대합니다. 남을 존중하는 마음이 있는 사람은 누군가가 좀 부족해 보여도, 잘나 보여도, 약해 보여도 무시하거나 질투하거나 업신여기지 않습니다. 당연히 때리고 욕하고 왕따도 안 시키지요.

나를 존중하고 남을 존중하는 마음은 말로 가르치는 게 아닙니다. 부모가 일상생활 속에서 사람이든 사물이든 존중하는 마음을 표현해 줌으로써 아이로 하여금 알게 모르게, 시나브로 따라 익히게 해주는 것입니다. 그래서 자녀를 보면 부모가 어떤 사람인가 보이고, 부모를 보면 자녀가 어떨 것이라는 게 보인다고 말하는 것입니다.

최근 자기 자녀를 수업 시간에 교실 뒤에 세워놨다고 담임교사를 아동학대로 신고하겠다고 협박한 학부모가 있었는가 하면, 아이들 간의 실랑이를 중재하느라 고생한 담임선생님한테 '왜 가해 아이를 두둔하느냐, 콩밥을 먹이겠다, 교사 짓 못하게 하겠다.'고 협박한 학부모도 있었습니다. 그러한 학부모에게 교사를 존중하는 마음이 있었을까요? 제가 보기에는 일도 없는 사람입니다. 교사를 그저 교직을 생계 수단으로 여기는 교육 공무원쯤으로 생각하는 그런 사람으로 보입니다. 왜? 조금이라도 교사를 존중하는 마음이 있었다면 그렇게 잘난 척, 도도하게 '신고하겠다.'라는 말을 함부로 내뱉지 않았을 것이기 때문입니다.

 아마 그 학부모는 가정에서 담임교사를 무시하거나 업신여기는 말이나 행동을 했을 것이고 이를 본 아이는 학교에 가서 그대로 담임교사를 무시하고 업신여기는 행동을 했을 것으로 생각됩니다. 학부모가 평소 교사를 존중하는 마음이 있었고 그 마음을 아이가 느끼도록 했다면 그 아이는 절대 교사에게 함부로 행동하지 않았을 것입니다. 예부터 그 부모에 그 자식이라는 말이 있듯이 말입니다. '그 어머니에 그 아들/딸'이라는 속담이 그냥 생겨난 게 아닙니다.

 사람은 관계 속에서 살아가는 존재이고, 그 관계는 서로 다름을 인정하고 존중해 줄 때 아름답게 지속될 수 있습니다. 다름을 존중해 주지 않은 강요와 협박과 괴롭힘을 통해 지속되는 관계는 한쪽에게는 추억이 되거나 기억도 못하겠지만 다른 한쪽에게는 지옥이 되고 평생 잊히지 않는 고통이 됩니다. 부모와 자식 관계에서도 그렇고, 아이들 관계에서도 그렇고, 학부모와 교사 관계에서도 그렇고, 직장 동료 관계에서도 그렇습니다.

▶ 듣고 보니 정말 존중하는 마음, 나를 존중하고 남을 존중하는 마음을 아이에게 일상생활 속에서 보여주라는 말씀 정말 가슴에 와 닿는데요? 정말 그거 하나면 가정교육과 인성 교육 끝이겠습니다.

자신을 높이 여기고 귀하게 대할 줄 아는 아이라면 자기 자신에 대해 함부로 대하지 않을 것이고 그러면 밥도 편식하지 않고 골고루 먹을 것이고, 생활도 규칙적으로 잘 할 것이고, 자기 자신에게 해가 될 일은 안 할 것이잖아요? 그리고 강사님 말씀처럼 자기가 싫은 것을 남에게 강요하지도 않을 것이고, 좀 만만해 보인다고 무시하거나 귀찮게 하지도 않을 것이고…. 알겠습니다. 저부터 나를 존중하고 남을 존중하는 마음을 가지고 그런 나의 그 마음이 아이에게 오롯이 전해질 수 있도록 노력하겠습니다. 그러고 보니까 학교 폭력 인지 감수성 함양 교육은 생명 존중 교육이고 인성 교육이네요.

V. 학교 폭력 사안 처리 절차 관련 질의응답

▶ 학폭위 심의를 요청했다가 취소할 수 있나요?

■ 진단이 2주 미만 등 학교장 자체 해결제 요건에 충족함에도 합의 등을 통한 관계 회복이 이루어지지 않아 학폭위 심의 개최를 요구했다가 나중에 원만히 사과와 용서가 이루어져서 피해 학생이나 보호자가 학폭위 심의 개최 요구를 취소하고 싶다는 분들이 많은데, 당연히 취소할 수 있습니다.

▶ 학폭위는 어떻게 진행되나요?

■ 학교장 자체 종결 제도의 요건에 부합되지 않아서 학폭위로 회부되고 나서 학부모님들이 학교나 담임교사 등에게 전화하거나 찾아가서 앞으로 어떻게 되느냐고 묻는 분들이 많은데 그렇게 하시면 아니 됩니다. 학교나 담임교사 등은 사안이 학폭위에서 이루어지는 절차에 대해서는 아무것도 모르기 때문입니다. 궁금한 점이 있으시면 교육지원청에 전화해서 문의하셔야 합니다.

 일단 학교로부터 사안이 학폭위로 회부되었다는 연락을 받으면 가만히 기다리시면 됩니다. 그러면 통상 심의일로부터 1주일 정도 전에 '학폭위 참석 안내 통지서'라는 것이 옵니다. 그 통지서에는 심의 일자, 심의 장소, 사건번호, 사안 내용, 당일 준비 사항(신분증, 가족관계증명서 등) 등이 기재되어 있습니다. 그리고 부가적으로 오는 게 있는데 그것은 '서면 진술서'와 '심의 장소 약도',

'아동 심리 전문가 의견 청취 요청서'가 있습니다.

'서면 진술서'는 사안과 관련해서 보호자로서 하고 싶은 말이 있으면 적어서 제출하라는 것입니다. 제출은 심의 일에 하셔도 되고 그 전에 하셔도 됩니다. 서면 진술서를 꼭 제출해야 하느냐, 또 심의 일에 꼭 참석해야 하느냐고 묻는 분들이 많은데 특별히 할 말이 없으면 서면 진술서를 제출하지 않으셔도 되고, 심의 일에 참석하지 않으셔도 됩니다. 하지만 가급적 서면 진술서를 제출하시고 심의 일에도 참석하셔서 무슨 말이라도 하시기를 권합니다.

'약도'를 보내 주는 이유는 심의 장소가 교육지원청 내일 수도 있고 교육지원청 내가 아닌 다른 장소가 될 수도 있기 때문에 보내드리는 것입니다. 유심히 봐 두었다가 해당 시간에 차질 없이 도착할 수 있도록 하셔야겠습니다.

'아동 심리 전문가 의견 청취 요청서'는 피해 학생이 아직 어린 학생이다 보니까 심의위원회가 보호자가 요청하면 아동 심리 전문가에게 자녀의 심리 상태나 스트레스 정도 등에 대해 검사토록 하고 그 아동 심리 전문가가 작성 보고한 내용을 조치 결정(피해 학생 보호 조치)에 반영하겠다는 취지로 보내는 것입니다. 이 요청서를 반드시 제출해야 하는 것은 아닙니다. 이미 심리 치료나 정신과 치료를 받고 있으면 그 소견서를 제출해도 됩니다. 굳이 힘든 아이를 학폭위가 지정하는 아동 심리 전문가에게 데리고 가서 검사를 받게 할 필요가 없다는 말입니다.

 당일이 돼서 자녀와 함께 통보서와 약도(통보서와 약도를 가지고 가시는 게 좋습니다)에 기재된 시간과 장소에 도착하면 안내하시는 분(이하 '간사'라 합니다)이 기다리고 있다가 가해 학생 측인지 피해 학생 측인지 물어본 다음 신분증 확인 후 대기실로 이동합니다. 대기실은 피해 학생 측과 가해 학생 측이 별도로 있습니다. 통상 학폭위는 피해 학생과 가해 학생들이 마주치지 않도록 참석 시간을 달리해서 보내니까 가급적 참석 시간을 엄수하시는 게 좋습니다.
 대기실에 들어가면 학폭위 간사가 안내 사항 등을 고지하는데 이때 학폭위원들 중에 조치 결정에 영향을 끼칠 염려가 있는 사람이 있으면 제척이나 기피 신청을 하라고 할 것입니다. 이때 학폭위원 중에 가해 학생 측과 또는 피해 학생 측과 인연이 있는 사람이 있으면 설명을 하고 그 위원을 빼달라고 요청하시면 됩니다.

 그리고 사안 내용에 대해 이야기해 줄 텐데 혹시 사안 내용에 잘못된 부분이 있으면 바로 이야기를 하면 됩니다. 그리고 미리 제출하지 못한 자료가 있으면 그 간사에게 드리면 됩니다. 간사가 학폭위실에 들어가 다 전달합니다. 그리고 기다리시면 간사가 나와 학폭위실로 안내를 합니다. 들어가시면 간사가 앉으라는 자리에 앉으시면 되고 위원장이 묻는 말에 답하고 진술하시면 됩니다.

통상 피해 학생과 보호자의 진술부터 하고 가해 학생과 보호자의 진술은 나중에 듣습니다. 심의가 끝나갈 무렵 위원장이 더 할 말이 있는지 물을 건데요, 이는 혹시 하고 싶은 말이 있었는데 빠트린 게 있으면 하라는 의미이니까 하고 싶은 말을 원 없이 하시면 됩니다. 꼭 마치고 돌아오는 길에 '아, 그 말을 했어야 했는데.' 하고 아쉬워하는 분들이 많은데 그런 아쉬움을 없애기 위해서 미리 적어가서 읽으셔도 되니까 그렇게 하세요. 이렇게 심의를 마치고 1주~2주 정도 있으면 교육지원청으로부터 조치 결정 통보서가 날아옵니다.

▸ 피해 학생에 대한 보호 조치에는 어떠한 것들이 있나요?

■ 피해 학생을 위한 보호 조치에는 학교폭력예방법 제 16조(피해학생의 보호)에 규정되어 있는데, 그 조치는 다음과 같습니다.

① 학내외 전문가에 의한 심리 상담 및 조언 ② 일시 보호
③ 치료 및 치료를 위한 요양 ④ 학급 교체 ⑤ 삭제
⑥ 그 밖에 피해 학생의 보호를 위하여 필요한 조치

▸ 가해 학생에 대한 조치에는 어떠한 것들이 있나요?

■ 가해 학생에 대한 조치에 대하여는 학교폭력예방법 제17조 제①항에 규정하고 있는데요, 아래의 9가지가 있습니다.

① 피해 학생에 대한 서면 사과 ② 피해 학생 및 신고, 고발 학생에 대한 접촉, 협박 및 보복 행위의 금지 ③ 학교에서의 봉사 ④ 사회봉사 ⑤ 학내외 전문가, 교육감이 정한 기관에 의한 특별 교육 이수 또는 심리 치료 ⑥ 출석 정지 ⑦ 학급 교체 ⑧ 전학 ⑨ 퇴학 처분

위 각호의 처분은 수 개의 조치를 동시에 부과할 수 있습니다. 이를테면, 6호 출석 정지를 처분과 동시에 제1호, 제2호, 4호 처분을 내릴 수 있다는 말입니다. 피해 학생이나 신고 · 고발 학생에 대한 협박 또는 보복 행위(정보통신망에 의한 행위를 포함한다)일 경우에는 제6호부터 9호까지의 조치를 동시에 부과하거나 조치 내용을 가중할 수 있습니다. 9호 처분인 퇴학은 고등학생에게만 적용되고 의무 교육 대상인 초등학생과 중학생에게는 해당되지 않습니다.

▶ 합의를 하고 싶은데 어떻게 하면 좋은가요?

■ 사과를 받기 위해 또는 징계 수위를 낮추기 위해 가 · 피해 부모님들이 만났다가 감정만 상하는 경우가 많은데, 아이 싸움이 어른 싸움 된다는 말이 있듯이 직접 만나는 것은 가급적 피하시는 게 좋습니다. 금전적 손해배상 등에 대해 빠른 해결을 하고 싶으시다면 화해 중재단에 요청을 하시든가, 아니면 기다렸다가 사안

이 교육지원청의 학폭위에 회부되면 그때 학폭위에 분쟁 조정 신청을 하십시오. 1개월 이내에 가타부타 결정을 합니다.

▸ 가해 학생의 부모도 특별 교육을 받아야 하나요?

■ 그렇습니다. 학교폭력예방법 제17조 ⑨항에 '심의위원회는 가해 학생이 특별 교육을 이수할 경우 해당 학생의 보호자도 함께 교육을 받게 하여야 한다.'고 규정하고 있습니다. 따라서 심의위원회가 가해 학생에게 특별 교육 이수 조치 결정을 할 때는 그 보호자에게도 특별 교육 이수 조치 결정을 하게 됩니다. 그러면 보호자는 교육감이 정한 기관에서 특별 교육을 이수해야 합니다. 이 조치를 따르지 아니하면 300만 원 이하의 과태료가 부과됩니다.

▸ 학폭위 회의록을 보고 싶은데 교육청에 신청하면 볼 수 있나요?

■ 당연히 볼 수 있습니다. 조치 결정 통보서를 가지고 교육지원청 민원실에 가서 복사 신청을 하면 해주고요, 정보 공개 청구를 해도 보내 줍니다. 단 개인 정보에 대한 부분은 지우고 해줍니다.

▸ 형사 처벌을 받게 하려면 경찰에 따로 신고를 해야 하나요?

■ 학교는 성폭력과 아동학대, 가정폭력 사안에 대해서만 신고가 접수되면 경찰서에 통지하고 나머지 사안에 대해서는 연락하지

않습니다. 그래서 학교 폭력 유형 중 성폭력이나 아동학대, 가정 폭력 사안이 아니면 경찰서에 따로 신고를 하든지 고소장을 제출해야 형사 처벌을 받게 할 수 있습니다.

▶ 신고한 학교 폭력을 취소해서 없었던 것으로 할 수는 없나요?

■ 의외로 자주 듣는 질문인데요, 취소해서 신고한 것을 없었던 것으로 할 수는 없습니다. 학교 폭력을 은폐하는 단초가 될 수 있기 때문에 금지하고 있습니다.

▶ 성추행 합의를 해주었어도 나중에 고소를 할 수 있나요?

■ 네, 성추행 등 성폭력을 당하고 합의를 해주었어도 나중에 학교 폭력으로 학교에 신고를 할 수 있고, 경찰에 고소도 할 수 있습니다. 합의는 징계 수위나 처벌을 함에 있어서 정상 참작 사유이지 신고 요건이 아니기 때문입니다.

▶ 학교 폭력을 당하면 가해자에게 어떤 법적 행사들을 할 수 있나요?

■ 학교 폭력 피해 학생은 가해자가 학생이면, 먼저 학교에 신고해서 징계를 받게 할 수 있고, 다음으로, 경찰에 고소해서 형사처벌을 받게 할 수 있으며, 민사상의 손해배상청구를 할 수 있습니다.

Ⅳ.어떻게 하면 학교 폭력 인지 감수성을 키울 수 있는가

이 셋은 별개로 행사해야 절차가 진행되는 것이니까 동시에 또는 순차적으로 하시면 됩니다. 가해 학생이 고등학생인 경우 출석 정지 등의 징계를 받게 하고 싶은 경우에는 가해 학생이 고등학교를 졸업하기 전까지 해야 하지만, 형사 고소는 졸업 후 공소시효가 지나기 전까지 할 수 있습니다.

군을 제대한 후에 군 생활 시 괴롭혔던 상관을 형사 고소하듯이 가해자가 고등학교를 졸업하거나 취직을 앞두거나 잘나갈 때 고소를 해서 골탕을 먹일 수도 있다는 이야기입니다. 가해 학생의 경우 출석정지 등의 처분을 받았으면 다 끝난 것 아니냐고 마음 놓고 있는 경우가 많은데, 교육청으로부터 징계를 받았다고 해서 형사 처벌까지 끝난 것이 아니라는 사실, 꼭 알아야 할 것입니다.

▶ 가해 학생에 대한 조치 결정에 대해 피해 학생은 이의 신청을 할 수 없나요?

■ 피해 학생도 이의신청을 할 수 있습니다. 이의신청에는 두 가지 방법이 있는데요, 하나는 행정심판을 청구하는 것으로, 처분이 있음을 안 날(조치 결정 통보서를 받은 날)로부터 90일, 처분이 있었던 날로부터 180일 이내에 교육청에 청구하면 되고요, 다른 하나는 행정법원에 행정소송을 제기하는 것으로, 처분이 있음을 안 날(조치 결정 통보서를 받은 날)로부터 90일 이내에 청구하면 됩니다. 행정심판과 행정소송은 동시에 할 수도 있고, 행정심판을

청구하지 않고 곧바로 행정소송을 청구할 수도 있습니다.

▸ 가해 학생에 대한 조치 사항 모두가 생활기록부에 기재되나요?

■ 아닙니다. 제1호(피해 학생에 대한 서면 사과), 제2호(협박 및 보복 행위 금지), 제3호(학교에서의 봉사) 조치사항에 대하여는 생활기록부에 바로 기재되지 않고, 가해 학생이 조치 사항을 이행하지 않은 경우나 조치 결정을 받은 후 동일 학교급에 재학하는 동안(초등학생인 경우에는 3년 이내의 범위에서 동일 학교급에 재학하는 동안) 다른 학교 폭력 사건을 저질러 조치 결정을 받으면 그때 기재합니다. 1회에 한해 기재를 유보한다는 말입니다.

 부가적으로 받은 특별교육이수나 심리치료는 생활기록부에 기재되지 않습니다. 피해 학생에 대한 조치 사항도 생활기록부에 기재되느냐고 묻는 분들이 많은데 피해 학생에 대한 조치 사항은 생활기록부에 기재되지 않습니다. 나머지 4호(사회봉사), 5호(특별교육이수 또는 심리치료), 6호(출석정지), 7호(학급교체), 8호(전학), 9호(퇴학) 처분에 대하여는 학교가 교육지원청으로부터 조치 결정 통보 공문을 받는 즉시 생활기록부에 기재됩니다. 행정심판이나 행정소송이 청구된 경우에는 조치 사항을 생활기록부에 먼저 기재하였다가 향후 조치가 변경될 경우에만 수정됩니다(결정 일자는 그대로 두고 조치 사항만 수정합니다).

▶ 가해 학생에 대한 조치 사항은 언제 학교생활기록부에서 삭제되나요?

■ 제1호, 제2호, 제3호 조치 사항은 졸업과 동시에 삭제됩니다. 제4호, 제5호, 제6호, 7호, 8호 조치 사항은 졸업 후 2년이 지나면 삭제되는 게 원칙이고, 8호(전학)를 제외한 나머지 4호, 5호, 6호, 7호 조치 사항은 전담기구의 심의를 통해 졸업과 동시에 삭제가 가능합니다(8호 전학 조치는 예외 없이 졸업 후 2년이 지나야 삭제됨). 전담기구의 심의를 통해 졸업과 동시에 삭제하기 위해서는,

① 다른 사안으로 조치를 받은 사실이 없어야 하고,
② 학교 폭력 조치 결정일로부터 졸업 학년도 2월 말까지 6개월이 경과된 경우여야 하고,
③ 담임교사의 의견서와 학부모 특별 교육 이수증, 가해 학생 특별 교육 이수증, 가해 학생의 의견서 등의 참고 자료가 있어야 합니다. 피해 학생과의 화해나 화해를 위한 노력을 증명하는 자료를 요구할 수도 있습니다.

9호(퇴학) 조치 사항은 영구히 삭제되지 않습니다.

▶ 가해 학생에 대한 징계 조치를 결정하는 평가 기준 같은 게 있나요?

■ 당연히 있습니다. 기본적 판단 요소로 '심각성, 지속성, 고의성, 반성의 정도, 화해의 정도'가 있고, 부가적 판단 요소로 '해당 조치로 인한 가해 학생의 선도 가능성과 피해 학생이 장애 학생인지 여부'가 있습니다.

기본적 판단 요소 항목 5가지를 정도(없음, 낮음, 보통, 높음, 매우 높음)에 따라 0~4점 또는 4~0점까지 점수를 매겨서 모두 합산한 다음 해당 점수에 해당하는 조치 결정을 하게 되고, 부수적 판단 요소를 참고하여 가중 또는 경감합니다.

합산 점수가 1~3점이면 1호(피해 학생에 대한 서면사과) 조치를, 4~6점이면 3호(학교에서의 봉사) 조치를, 7~9점이면 4호(사회봉사) 조치를, 10~12점이면 6호(출석 정지) 조치를, 13~15점이면 7호(학급 교체) 조치를, 16~20점이면 8호(전학) 또는 9호(퇴학) 조치를 합니다. 그리고 2호(피해 학생 및 신고 고발 학생에 대한 접촉, 협박 및 보복행위의 금지) 조치와 5호(학내외 전문가에 의한 특별교육이수 또는 심리치료) 조치는 점수에 상관없이 학폭위가 필요하다고 인정할 경우에 합니다. 그리고 하나만 할 수 있는 게 아니라 수개의 조치를 동시에 할 수 있습니다.

가해 학생의 보호자인 부모들이 학폭위에 회부되기 전에는 피해 학생이나 보호자에게 미안해하다가 학폭위에 회부되었다는 말을 듣는 순간 태도가 백팔십도 변해서 적반하장식으로 행동하는 분들이 많은데, 조치 수위 결정 판단 요소에 '반성의 정도'와 '화해의 정도'가 있다는 점을 꼭 알아두셔서 그러지 않으셨으면 좋겠습니다. 앞에서도 이야기했지만 제1호, 제2호, 제3호 처분을 받으면 학교생활기록부에 기재되지 않습니다.

▶ 성폭력 피해 사안의 경우, 피해 학생이 신고를 하지 않겠다고 해도 학교는 경찰에 신고를 해야 하나요?

■ 네, 아동청소년의성보호법 제34조제2항, 초중등교육법, 성폭력범죄의처벌등에관한특례법에 의거 피해 학생이 원하지 않아도 학교의 장은 성폭력 발생 사실을 안 이상 수사기관에 반드시 신고를 해야 합니다. 만약 알고도 경찰 등 수사기관에 신고하지 않거나 거짓으로 신고한 경우에는 300만 원 이하의 과태료가 부과됩니다.

▶ 성폭력 피해 학생도 학폭위에 반드시 참석해야만 하나요?

■ 아닙니다. 성폭력 사안의 피해자가 학생인 경우, 신변이나 사생활 보호를 위해 학폭위 참석을 하기 싫으면 참석하지 않고 서면 진술로 대체할 수 있습니다.

▶ 방학 중 또는 방학을 하자마자 학교 폭력을 당하면 학교에 신고할 수 있나요?

■ 최근 학교 폭력은 학교 밖, 그러니까 놀이터, 학원, 모바일 메신저나 카카오톡, 랜덤 채팅방 등 SNS를 통해 시도 때도 없이 일어나고 있습니다. 방학 중 집에 있을 때도 친구들한테 스마트폰 등 정보통신기기를 통해 사이버 학교 폭력을 당할 수도 있다는 말입니다.

 이렇게 방학 중에 학교 폭력을 당했을 때 곧바로 학교에 신고하지 않고 방학이 끝날 때까지 기다리시는 분들이 있는데 그러실 필요 없습니다. 방학 중이라도 곧바로 학교에 신고하시면 됩니다. 신고를 접수한 학교는 특별한 사정이 없는 한 2주 이내에 사안 조사를 마친 다음, 학교장 자체 해결 요건에 충족되면 학교장 자체 해결로 종결하게 되고, 요건에 충족되지 못하면 교육지원청에 학폭위 심의 개최 요구 신청을 합니다. 물론 학폭위는 방학 중에도 개최됩니다.

▶ 학교 폭력 신고 후 맞신고를 당했을 때 대처 요령은?

■ 자녀가 학교 폭력을 당해 학폭으로 신고를 했는데, 학교로부터 '가해 학생이 자기도 학교 폭력을 당했다며 맞신고를 했고, 경찰에도 고소장을 제출했다.'는 연락을 받으면, 대부분의 부모님들이 황당함과 분노가 치밀어 오를 텐데요, 그때도 역시 흥분을 가라앉히고 이 소식을 들을 자녀가 제일 힘들어할 것이라는 점을 가장 먼저 떠올려야 합니다(실제로 가해자로 신고되었다는 사실에 수치

Ⅳ.어떻게 하면 학교 폭력 인지 감수성을 키울 수 있는가

심, 분노, 배신감 등으로 등교를 거부하거나 우울해하는 등 심적 고통이 아주 커집니다). 그다음, 학교에 찾아가서 신고 내용과 증거 등에 대해 파악하시고, 자녀에게 그런 사실이 있는지 확인하세요. 그런 사실이 없다고 하면 걱정하지 말라며 자녀를 안심시키세요. 입증 책임은 신고한 가해 학생에게 있으니 가해 학생 측이 제출한 증거 관계에 대해 탄핵할 사유를 찾아 주장하시면 됩니다. 그리고 경찰서에도 정보 공개 청구를 해서 고소 내용과 증거 관계를 확인해 보시고 조사를 준비하세요. 조사는 굳이 경찰이 오라는 날짜에 가서 받지 않아도 됩니다. 자녀의 심리적 상태를 봐서 나가시되 조사를 학폭위 조치 결정이 끝날 때까지 늦추세요. 경찰은 강제 구인 수사를 할 수 없어서 자초지종을 설명하면 기다려 줍니다. 학폭위에서 '조치 없음' 결정을 받으면 그것을 증거로 가해 학생을 무고로 고소하세요. 그러고 나서 경찰에 가서 조사를 받으세요. 물론 조사 받을 때도 함께 가셔서 옆에 앉아 자녀를 심리적으로 안정시켜 주고 위로를 해주세요.

▸ 담임선생님이 진학 상담 중에 학교 폭력을 인지했을 때는 어떻게 해야 하나요?

■ 진학이나 진로 상담 중에 학교 폭력을 인지한 교사는 즉시 학교에 신고해야 합니다. 이때 신고를 한다는 것은 학교 폭력 접수 대장에 신고자로 기재되어야 하는 것을 말합니다. 모 고등학교에

서 진학 상담을 하던 학생이 학교 폭력을 당하고 있다는 말을 하자 부모님에게 말해서 신고를 하라고만 하고 학교에 신고를 하지 않았다가 나중에 문제가 된 경우가 있습니다. 교사는 학교 폭력 현장을 목격하거나 그 사실을 안 경우 즉시 학교 등에 신고해야 하는 의무가 있기 때문입니다.

▸ 소년분류심사원은 어떤 곳인가요?

■ 10세 이상 19세 미만의 소년이 범법행위를 하게 되면 경찰 또는 검사가 가정법원의 소년재판부로 송치를 하게 되는데, 사건 송치서를 받아 본 판사는 가정법원 전문 조사관이나 보호관찰소의 보호관찰관, 소년분류심사원의 분류심사관에게 해당 소년에 대하여 조사를 하도록 명할 수 있습니다. 해당 소년과 사건 등의 조사를 가정이나 사회와 분리해서 할 필요하다고 인정하는 때에 소년분류심사원에 감호를 위탁하게 됩니다(즉, 소년분류심사원은 성인 형사범이 구속되면 수감되는 구치소와 유사한 곳입니다). 소년분류심사원 감호 위탁 명령을 받은 소년은 통상 3~4주 정도 소년분류심사원에서 생활하게 됩니다. 소년분류심사원은 해당 소년이 반성을 하고 있는지, 가정환경이나 주로 어울리는 친구들의 성향이 어떠한지, 규칙 생활은 잘하는지 등을 조사해서 보고서를 만들어 판사에게 보고합니다. 판사는 주로 소년분류심사관이 올린 이 보고서를 보고 해당 소년에 대한 보호처분(1호부터 10호 처분)의

수위를 결정합니다(이렇게 소년분류심사관이 올린 보고서의 내용
이 중요합니다). 소년분류심사원에 위탁된 소년은 아침 6시 30분
에 일어나 청소하고 세수하고, 식사를 마친 뒤 인성 교육을 받기
도 하고, 심리 검사와 적성 검사 등도 받게 됩니다. 밤 9시가 되
면 취침해야 합니다.

 그동안 부모의 말도 듣지 않고 제멋대로 생활한 소년의 경우 정
말 힘든 하루하루입니다. 생각해 보세요, 아침 일찍 일어나 이불
을 개고 청소를 해야 하지, 술 담배도 못하지, 매일 가던 매점이
나 편의점도 없지, 빨래도 자기 것은 자기가 해야 하지, 개인 행
동을 못하고 단체 행동을 해야 하지, 싸우거나 규칙을 어기면 가
차 없이 벌점을 맞지, 다 같이 밥 먹을 때 먹지 못하면 꼼짝없이
굶어야지, 그렇게 받기 싫어하던 인성 교육들도 받아야지... 그 자
체가 나름 힘든 생활입니다. 그래도 다행인 것은 이러한 생활 경
험만으로도 많은 소년들이 변한다는 것입니다.

▶ 촉법소년 등의 소년범에 대해 소년부 판사가 결정하는 보호처
분에는 어떠한 것들이 있나요?

■ 소년부 판사는 다음 각 호의 처분을 하게 됩니다(여러 처분을
  병합할 수 있습니다).
 1. 보호자 또는 보호자를 대신하여 소년을 보호할 수 있는 자
    에게 감호 위탁

2. 수강 명령(100시간 이내, 12세 이상에게만 할 수 있다)

3. 사회봉사 명령(200시간 이내, 14세 이상에게만 할 수 있다)

4. 보호관찰관의 단기 보호관찰(1년)

5. 보호관찰관의 장기 보호관찰(2년, 1회 1년 연장 가능)

6. 아동복지법에 따른 아동복지시설이나 그 밖의 소년 보호
   시설에 감호 위탁(6개월, 1회 6개월 연장 가능)

7. 병원, 요양 또는 의료재활 소년원에 위탁(정신병원 등)

8. 1개월 이내의 소년원 송치

9. 단기 소년원 송치(6개월 이내)

10. 장기 소년원 송치(2년 이내, 12세 이상에게만 할 수 있다)

▶ 소년부 판사의 소환에 불응하면 어떻게 되나요?

■ 소년부 판사는 사건의 조사 또는 심리에 필요하다고 인정하면 기일을 지정해서 사건본인(해당 소년)이나 보호자 또는 참고인을 소환할 수 있습니다. 사건본인이나 보호자가 정당한 이유 없이 소환에 응하지 아니하면 소년부 판사는 긴급 동행 영장을 발부해서 조사관으로 하여금 집행하게 합니다.

VI. 보호자(학부모) 관련 각종 양식

학교 폭력 신고 접수 대장

(　　　) 중학교

사안 번호	신고 일시	신고자 (연락처)	신고 내용	접수 사실 통보		가자 피 학 분리 여부	해와 해생	작성자
				피해관련 학생/보호자	가해관련 학생/보호자			

가해자와 피해 학생 분리 의사 확인서

「학교폭력예방및대책에관한법률」제16조제1항에 따른 가해자에 대한 분리를 (희망, 반대) 합니다.

2022년   월   일

피해 학생   (서명 또는 인)

○○ 학교장 귀중

학생 확인서

성명		학년/반		성별	남/여
연락처	학생		보호자		
누가누구와 (관련학생)					
사안 내용					
목격자					
왜					
피해 정도					
갈등 조정 참여 여부	☐ 희망합니다 ☐ 희망하지 않습니다				
작성일	년 월 일		작성 학생	(서명)	

VI. 보호자(학부모) 관련 각종 양식

보호자 확인서

사안번호 : (   )학교   2022- (   )호

1. 본 확인서는 학교폭력 사안 조사를 위한 것입니다.
2. 자녀와 상대방 학생에 관련된 객관적인 정보를 제공해 주셨으면 합니다.
3. 사안 해결을 위해 학교는 객관적이고 적극적인 자세로 임할 것입니다.

학생 성명		학년/반		성별	남/여
사안 인지 경위					
현재 자녀의 상태					
자녀 관련 정보	교우 관계				
	학교 폭력 경험 유무 및 내용				
	자녀 확인 내용				
현재까지의 보호자 조치					
사안 해결을 위한 관련 정보 제공					
현재 보호자의 심정					
본 사안 해결을 위한 의견, 바라는 점					
작성일		작성자			

학교폭력대책심의위원회 개최 요청서

사안번호 : (　　)학교 2022-(　)호

신청인	소속 학교	학년/반	학생 성명	보호자 성명
	주소			

신청 사유	

위와 같이 신청합니다.

2022년　　월　　일

피해학생 :　　　　　(서명 또는 인)
피해학생 보호자 :　　　(서명 또는 인)

학교폭력대책심의위원회 개최 요구 취소 요청서

사안번호 : (   )학교 2022-(   )호

신청인	소속 학교	학년/반	학생성명	보호자성명
	주소			

     이 사안에 대해서 학교폭력대책심의위원회 개최 요구를 취소하며 학교장 자체 해결에 동의합니다.

2022년   월   일

피해학생 :　　　　　　　(서명 또는 인)

피해학생 보호자 :　　　　(서명 또는 인)

분쟁 조정 신청서

사안번호 : (   )학교 2022-(   )호

학생	성명	(남/여)		
	주소			
	소속	학교 학년 반		
보호자	성명		관계	전화번호
	주소			
신청 이유				

위와 같이 분쟁 조정을 신청합니다.

신청일 :   년 월 일

신청인 :   (서명/인)

학교폭력 인지 감수성을 키워라 (개정판)

초판 1쇄 발행 2024년 2월 1일
지은이_ 오해두

펴낸이_ 김동명
펴낸곳_ 도서출판 창조와 지식
디자인_ 오해두
인쇄처_ (주)북모아

출판등록번호_ 제2018-000027호
주소_ 서울특별시 강북구 덕릉로 144
전화_ 1644-1814
팩스_ 02-2275-8577
ISBN 979-11-6003-692-3 (03370)
정가 20,000원